体育文化的传承与发展研究

常继斋 ◎ 著

吉林出版集团股份有限公司

版权所有　侵权必究

图书在版编目（CIP）数据

体育文化的传承与发展研究 / 常继斋著. — 长春：吉林出版集团股份有限公司，2023.6
　　ISBN 978-7-5731-3511-7

Ⅰ．①体… Ⅱ．①常… Ⅲ．①体育文化－研究－中国 Ⅳ．①G80-054

中国国家版本馆 CIP 数据核字（2023）第 112048 号

体育文化的传承与发展研究
TIYU WENHUA DE CHUANCHENG YU FAZHAN YANJIU

著　　者	常继斋
出版策划	崔文辉
责任编辑	徐巧智
封面设计	文　一
出　　版	吉林出版集团股份有限公司
	（长春市福祉大路 5788 号，邮政编码：130118）
发　　行	吉林出版集团译文图书经营有限公司
	（http://shop34896900.taobao.com）
电　　话	总编办：0431-81629909　营销部：0431-81629880/81629900
印　　刷	廊坊市广阳区九洲印刷厂
开　　本	710mm×1000mm　　1/16
字　　数	236 千字
印　　张	11
版　　次	2023 年 6 月第 1 版
印　　次	2023 年 6 月第 1 次印刷
书　　号	ISBN 978-7-5731-3511-7
定　　价	78.00 元

如发现印装质量问题，影响阅读，请与印刷厂联系调换。电话 15901289808

前　言

　　体育文化是一种深层次的精神文化，不仅对人的审美情趣产生影响，还会对人的道德思想以及价值观念产生影响。更重要的是，它还在民族体育文化传承与发展、文化强国构建方面发挥着重要的作用。中华文化是几千年历史的结晶，具有较为深厚的文化底蕴，并以其独特的文化魅力在促进中国文化软实力提升方面意义明显，当然，也能在一定程度上对中国体育事业的良好持续发展产生积极的影响。

　　随着社会的不断进步，人们的生活水平不断提升，在物质生活得到满足的同时，人们的消费观念以及消费方式也在悄然发生变化。当前，人们不断追求物质享受，生活方式也发生了变化，注重娱乐以及现代化的生活方式备受推崇。在选择体育运动时，大多数人都会选择一些具有趣味性的活动，对具有文化内涵的传统体育项目视而不见，这就使许多传统体育文化随着传统体育运动的不受重视而逐渐淡出人们的实现，甚至有可能会消亡。很明显，这阻碍了中国体育文化的传承与发展。

　　体育文化是一个跨学科的大领域。笼统地说，就是从文化的特殊视角或领域对体育做出一些必要的分析。这不仅是从一个更为广泛的角度来探讨体育基本理论的各个因素，也是对体育本质及其价值更为深入的认识，体育不仅可以增强体质，还可以促进心理发展。

本书主要研究体育文化传承与发展方面的问题，涉及丰富的体育文化知识。主要内容包括体育文化概述、体育文化软实力研究、体育文化传播研究、高校体育文化的传承与发展、民族传统体育文化传承的表现和创新、民俗体育文化的传承现状与现代化传承路径。本书在内容选取上既兼顾了知识的系统性和可接受性，同时强调了体育文化传承的重要性。本书旨在向读者介绍体育文化的基本概念、原理和传承发展，使读者能系统地理解体育文化的基础知识。本书涉及面广，实用性强，理论结合实践，使读者能在获得知识的同时掌握技能，兼具理论与实际应用价值，可供相关教育工作者参考和借鉴。

由于笔者水平有限，书中难免存在不妥甚至谬误之处，敬请广大学界同人与读者朋友批评指正。

目 录

第一章 体育文化概述 1

第一节 体育的产生与发展 1
第二节 文化的内涵 7
第三节 体育文化的内涵 18
第四节 体育文化的特点与功能 29

第二章 体育文化软实力研究 37

第一节 体育文化软实力相关概念解读 37
第二节 体育与国家文化软实力建设 44
第三节 体育文化推动和谐社会构建 50

第三章 体育文化传播研究 57

第一节 中国体育文化传播的基本问题解读 57
第二节 微时代下体育文化传播模式解读 62
第三节 "一带一路"背景下的体育文化的传播解读 70
第四节 体育文化传播构建国家形象 80

第四章 高校体育文化的传承与发展 86

第一节 高校体育文化概述 86
第二节 高校校园体育文化的理论概括 97
第三节 高校体育文化的结构与内容 105

第四节　文化遗产与体育文化遗产释义 119

　　第五节　高校体育文化现代化 133

第五章　民俗体育文化的传承现状与现代化传承路径 142

　　第一节　民俗体育的文化特征 142

　　第二节　民俗体育的文化功能 146

　　第三节　民俗体育的文化价值 150

　　第四节　我国民俗体育文化传承的制约因素 155

　　第五节　我国民俗体育文化现代化传承路径 159

参考文献 167

第一章 体育文化概述

文化是构成社会的一个重要参数。社会和文化虽然是两个独立的系统，但它们之间存在着密切的联系。民族文化精神从根本上影响和制约着社会的发展，而社会制度、社会结构、社会关系、社会运动等又不断构筑着民族文化精神，创造着新的文化。文化是社会学的一个重要研究对象，体育运动是社会文化的一个重要组成部分，从这个层面上来讲，体育与文化关系密切。

第一节 体育的产生与发展

一、体育的产生

（一）体育产生的动因

人自身本能的一种需要是体育产生的源泉，也是体育得以发展的前提。在人类社会的发展过程中，劳动是人类谋取生存的最基本的实践活动，也是满足人类需要的一种最主要的活动方式。在原始社会，人类要同大自然进行斗争，与野兽进行搏斗，获取更多的食物，才能得以生存。在残酷的斗争中，练就了各种技能和本领，同时形成了集群而居的特点。因此，原始人类不仅需要劳动，更需要生活。尽管在当时生产力还很低的社会需要结构中,单就体育产生的动因而言,除劳动的需要外,还有因适应环境的需要、对付野兽或同类袭击的防卫需要、同疾病斗争的生存需要、表达和抒发内心情感的需要而形成的如教育、军事、娱乐、医疗卫生等。归纳起来,就是需要健康的身体,需要进行强健自身的活动,这就构成了体育产生的动因。体育作为人类有意识、有目的的一种社会活动,正是适应了社会发展的需要(社会生产和生活的需要)和人本身的生理、心理需要。

(二)体育产生的社会根源

体育是在原始社会条件下萌芽和产生的,并与原始社会的其他社会活动如劳动、军事、娱乐、医疗卫生等有着密切的关系。

1. 劳动产生体育

体育是随着人类社会的发展而产生和发展的,生产劳动是体育产生的基本源泉。

生产劳动是人类一切活动和赖以生存的基础,是人类最基本的实践活动。劳动在从猿到人的转变过程中起着决定作用。猿的肌体,如作为劳动器官的手、作为思维器官的大脑和交际工具的语言等,都是在劳动中发展起来的。

原始人类在漫长的生产斗争中,学会了制造工具和使用工具。在解决吃、穿、住的同时,改进着自己的体力和智力。在原始时期,劳动条件艰险,环境条件恶劣,工具简陋粗笨,体力负担非常繁重,为了获得生活资料和保卫自身安全,原始人类必须经常与自然灾害和野禽猛兽做斗争,这就要求人们具有走、跑、跳、爬等多种活动能力。

人们活动能力水平的高低成为衡量原始人类劳动能力大小的主要标志。人们在劳动中的活动，可以说是最初的体育萌芽和雏形，原始形式的体育就是这样自然而不可分割地孕育在原始的生产劳动之中，现代体育运动正是从这些活动中脱胎出来的。

2. 军事活动产生体育

原始社会末期，开始出现掠夺财产和奴隶的战争，战争推进了武器的演进。为了掌握这些武器，提高战斗技能，人们开始注重军事训练和身体训练。同时，这些武器和武艺也为人们的健身活动提供了更为广泛的"运动器材"和活动技能。

3. 娱乐活动产生体育

原始娱乐的主要形式是舞蹈，舞蹈与体育有很多共同特点，如它们都是身体的活动，都有健身作用。用现代的观点来看，某些健身性的舞蹈本身就是体育的内容，如民间舞、现代舞等。原始人为了表达狩猎成功的喜悦、对自然的崇拜、对祖先的祭祀以及抒发内心的情感，他们往往在酋长的率领下进行集体舞蹈。这种舞蹈既是对身体的训练，又是一种娱乐。

4. 医疗卫生产生体育

原始人生活条件严酷，大自然的侵害和同类之间的袭扰，使人们的健康和生命没有保障，寿命很短。同时，由于饮食习惯上的茹毛饮血，卫生不佳，又有消化病，因而刺激了原始医疗保健活动的产生和发展。

二、体育的发展

（一）体育发展的特点

1. 国际竞争更加激烈

战争，这一昔日民族战斗热情的最高体现形式，在人类文明进程中逐渐被淘汰，为世人所唾弃，但合法的文明战争，没有硝烟的战场——体育运动，正越来越显示出重要的作用。各国家和各民族都将热情倾注其中，不惜动员其政治、经济、科技等各方面的实力，大肆较量一番，使体育运动，这一传统的健身、娱乐形式的内涵发生深刻变化。

信息技术的发展，打破了地域的限制，使国际的竞争更为激烈，特别是区域性合作与高科技化趋势加强。富有民族特色的竞技项目与国际上普遍采用的项目增多。体育竞赛成为国家或区域间综合实力的较量，对于促进各国或区域的政治、经济、文化交流具有很大的意义。因此，举办奥运会等大型运动会的权力之争将更加激烈。同时，竞技运动向文明战争方向发展，与健身为目的的非竞技运动的分化日渐分明。

2. 体育的社会功能增强

社会的高度技术化及生活方式，工作方式的灵活性与自由性，使人与计算机的人机对话增多，人与人之间的直接接触减少，但人是社会性的，有群居的要求，需要社会交往。因此，日常健身必不可少的运动场，作为社会的缩影，其社会功能明显增强，成为人们社交的场所。形形色色的人聚集在这里，除健身强体外，青少年从中培养社会所需要的平等参与意识、公平竞争意识和创新意识；成年人则为共同利益或兴趣在运动中结交朋友、融洽关系、商谈业务，显示社会地位；老年人健身防病，消除孤独，激发活力。

3.体育向身心和谐方向发展

社会的快节奏、高时效、高技术密集型的生活方式，使人们心理紧张加剧，体力耗能降低，为补偿这种偏差，缓解脑力紧张，人们对体育活动的要求提高，不仅要求体育活动能锻炼肌肉，更希望能训练心脏，增强心力。因此，体育的趣味性增加，快乐体育成为主流，体育的艺术性提高。人们可以从身体活动中得到美感，享受身体的愉悦。体育的自然性增强，出于对人与自然和谐的需要，人们渴望同归自然，返璞归真。古老的、随意的、简单的户外活动如爬山、林间漫步等形式越加受到人们的喜欢。

（二）发展趋势

1.进一步社会化

在体育发展的初级阶段，体育曾被打上特权阶层的烙印，具有极强的阶级性。但是，现代社会生产力水平的提高，人们物质生活条件的改善，以及余暇时间的增多，体育逐渐成为人人拥有的权利。随着体育的"贫民化"和人们"自我完善"意识的增强，目前，世界上从事体育锻炼的人口也呈相对稳定状况。随着健康理念的更新，人们逐步认识到：体育可以促进人的全面健康，而没有体育的生活将是残缺的生活。体育已经被纳入健康生活方式的范畴，受到全世界的普遍重视。体育也将其触角遍及人类社会的各个角落，并且随着社会的进步而在功能上不断拓展和延伸,成为人类生存与发展必不可少的基本活动。

2. 手段和内容多样化

科技的发展将人类社会带入信息化时代,科技缩短了人与人之间的距离,而体育手段则作为人类共同的财富,为世界各国人民所共同享有。

体育本身的娱乐性在逐渐增强,这与它的手段和内容的不断增多有密切关系。社会生活与科学发展的多维性,必将导致体育手段和内容的多样化,而这种多样化也正符合人们的观念、生活方式和兴趣爱好等发展的趋势。运动方式的推陈出新使得体育运动具有永恒的魅力,为越来越多的人所钟爱,参与者与日俱增。

3. 科学化

现代体育的科学化主要体现在三方面:首先,竞技体育的科技含量不断提升,时至今日,科技已经成为推动竞技水平的主要动力;其次,学校体育的科学化,主要表现为学校体育在各种自然科学与社会科学的指导下,更加注重在体育教学中尊重运动规律,按照人体的自然法则进行教学;最后,群众性的体育锻炼也逐步增加其中的科技内涵。现代体育由传统的只注重身体,发展到生物、心理、社会三方面的并重。

4. 体育终身化

英国哲学家洛克提出,"健全的精神寓于健全的身体",强调了灵魂与肉体之间的协调发展。教育界早有"活到老,学到老"的箴言,在"终身教育"的先进理念在全世界形成共识后的不久,"终身体育"

也伴随着现代社会发展应运而生。同样，对人的健康和幸福来说，也要活到老，锻炼到老。生命在于运动，健康快乐的一生离不开终身体育。体育不仅会"无处不在"，也将会"无时不有"。终身体育思想已经存在于学校体育教育之中，成为体育教育努力的崇高目标。

第二节 文化的内涵

一、文化的内涵

（一）文化的概念

1. 中国对文化的界定

我国"文化"一词在《易经》中最早出现："刚柔交错，天文也。文明以止，人文也。观乎天文，以察时变；观乎人文，以化成天下。"人文在这里指"文治教化"，如典籍、礼仪、风俗对人们的教化，如同李斯所说有"移风易俗"的功能和作用。西汉刘向在《说苑·指武》中指出："圣人之治天下也，先文德而后武力，凡武之兴，为不服也，文化不改，然后加诛。"这里是说"文治教化"如果不起作用，就用法律或武力治服。

《辞海》给文化下的定义是："物质财富与精神财富的总和。"张岱年、方克立主编的《中国文化概论》一书认为："文化的实质性含义是人化或人类化，是人类主体通过社会实践活动，适应利用改造自然界客体而逐步实现自身价值的过程。"

如果把二者集中起来，文化的定义可以概括为：从外延上讲，文化是物质财富和精神财富的总和。从内涵上讲，文化是人类通过社会实践活动，适应、利用、改造客观环境（包括创造发明、创新、发现）以实现自身价值的过程。

具体讲，文化是人类经济、政治、哲学、科学、教育、伦理道德、心理学、法律、历史、文学艺术、体育、军事等各门学科的成就与结晶，也包括从人类诞生以来创造的旧石器文化，近至于当今所有的民俗文化、传统、习俗、行为、各民族的精神特质等所有"人化""人类化"的内容与形式。

2. 西方对文化的界定

文化是一个大系统，包括各种子系统，大系统与子系统、子系统与子系统之间常常又互相制约、互相影响或者互相借鉴与互相启示。"文化学"也成为学者研究的热门话题，并成为一门独立的学科。

"文化"一词，拉丁文为 cultus，英文为 culture，意大利文为 cultura，原意是开发、开化的意思。

19世纪中叶，西方兴起了新的人文学科，如社会学、民族学、人类学，把"文化"作为专门术语的是"人类学之父"英国学者泰勒，他在1871年出版的《原始文化》一书中给文化下了一个定义："文化是一个复杂的总体，包括知识、信仰、艺术、道德、法律、风俗，以及人类在社会所得的一切能力与习惯。"

20世纪50年代，美国文化人类学家克莱德·克鲁克洪（C.K.M.Kluckhohn）和克罗伯（A.L.Kroeber）在《文化：关于概念和定义的批判性回顾》中收集了从1871年到1951年间164种关于

"文化"的概念和定义,其中比较具有代表性的观点主要有以下两点。

（1）文化是人类所创造的物质财富和精神财富的总称,是自然向着属于人的理想境界的转化,是自然的人化。这种概念是最广义的关于文化的概念,它明确地揭示了文化的属人性。我国著名学者季羡林先生就是该观点的重要代表,他从文化的属人性、人为性特征对文化进行了定义,他认为:"文化是人类通过自身的劳动,包括脑力劳动和体力劳动所创造的一切精神和物质的有积极意义的东西。或者说,凡是人类在历史上所创造的精神、物质及其对人类有用的东西,就叫文化。"

文化是由物质、精神、语言、符号、规范和社会组织等要素构成的有机整体。一般来说,人们用文化概念来代表由于各种关系而联系在一起的人们的共同持有的价值观念、行为方式等。

（2）文化是人化的过程,是人把与环境相互作用的过程内化为一种心理意识的精神积淀,并用这种精神的理念来支配行为,构建制度的过程。这一定义是从文化产生的源头来对文化进行界定的。著名学者乔建也认为,"文化有一定的源头,有一定的存在领域和发展历程。文化是以一定的地域为中心并以某种共同语言为标准的结构体。从这种意义上说,文化与民族同义"。

（二）文化的划分

1. 物质文化、制度文化和精神文化

从广义文化的角度出发,人类所创造的所有物质文明和精神文明积淀可分为物质文化、制度文化和思想文化三个层次。

物质文化实际上是指人在物质生产活动中所创造的全部物质产品，以及创造这些物品的手段、工艺、方法等。

制度文化是人们为反映和确定一定的社会关系并对这些关系进行整合和调控而建立的一整套规范体系。

精神文化也称为观念文化，是以心理、观念、理论形态存在的文化。它包括两个部分：一是存在于人心中的文化心态、文化心理、文化观念、文化思想、文化信念等；二是已经理论化、对象化的思想理论体系，即客观化了的思想。

2. 显性文化和隐性文化

显性文化主要指那些外露的、能够被观察到的文化，如饮食文化、风俗习惯、建筑型等都属于显性文化的范畴。隐性文化主要指那些形而上的文化，如包括伦理、道德、信仰在内的价值观体系。

隐性文化则是深埋地底的树根，不被人轻易发现，却是树之本源。克莱德·克鲁克洪认为："对文化做分析必然既包括显露方面的分析，也包括隐含方面的分析。显性文化寓于文字和事实所构成的规律之中，它可以经过耳濡目染的证实直接总结出来。人们只需在自己的观察中看到或揭示其连贯一致的东西。人类学家不会去解释任意的行为。然而，隐性文化却是一种二级抽象。只有在文化的最为精深微妙的自我意识之处，人类学家才在文化的承载者那里关注隐性文化。隐性文化由纯粹的形式构成，而显性文化既有内容又有结构。"

隐性文化不能直接用图片、语言、文字表达出来。隐性文化只能领悟不能习得，它存在于一种精妙微细的自我中，不具备传播的普遍性。

二、文化的特征功能

（一）文化的特征

1. 体育文化的一般文化特征

（1）体育文化的民族性与人类性

体育文化的民族性是指一定民族在历史上由于生存区域、生存环境、生产和生活方式、文化积累和传播等的不同而导致产生不同于其他民族的体育文化。从文化的发生学意义上讲，任何体育文化都是民族的。体育文化的人类性是指一个民族的体育文化中所寓有的普遍性的品格能够为世界其他民族所理解，其动因是人类具有超越民族界线的同一需要和追求。

（2）体育文化的时代性与永恒性

体育文化的时代性指体育文化的内容和形式随时代变化而发生变化的特征。它反映的是世界各民族在相同的时代或相同的社会发展阶段中体育文化的共同需求。体育文化不仅有时代性，也有永恒性。体育文化的时代性和永恒性不是两个实体，而是一个实体的两个方面、两种属性。体育文化之所以寓有永恒性的东西，是因为人类体育文化发展有着客观的普遍的追求。

（3）体育文化的继承性与变异性

体育文化的继承性是指体育文化经过不同时代仍然保留着原有某些特质的属性。体育文化具有通过语言、文字、图像等媒体在人们的意识领域和社会价值体系中传承的特性。当然，体育文化由于以身体动作为基本形式，因此身体是其主要的传承形式，但依附于体育文化之上的独有的语言和文字也具有强大的传承功能。体育文化的变异性是指体育文化在历史发展的过程中发生内容、结构甚至模式变化的属性。当然，体育文化的变异并非总是积极的，或全部是积极的。历史发展的曲折性就表现在体育文化发展的方向是进步的，但在前进过程中会有挫折。中国文化自殷商以来，代代相承，虽多有曲折，却从未中断。中国体育文化也是如此。

（4）体育文化的世界性与地域性

体育文化的世界性是指体育文化不管如何发展和变化，也不管如何具有各个地区和民族的特征，在整体上仍是属于世界的，在趋势上是世界性的。体育文化的地域性是指体育文化受到地理环境的局限而呈现出不同的特征。不管世界体育文化如何发展，各个地域的体育文化都不可能完全一样，总会具有各自独立的特征。在历史发展的特定阶段，不同地理条件的地域体育文化具有不同的体育运动形式，当前的体育文化虽具有受地域影响很小的世界性，但也因地理环境的差异而显示出体育文化的不同。如果说体育文化的人类性和民族性是从创造体育文化的主体人类和民族来说的，那么世界性和地域性就是针对体育文化生长的环境世界和地域来说的。前者由体育文化创造主体的内在统一性所决定。

2. 体育文化的个性化特征

（1）身体表征和传承性

体育文化是一种非语言文字，而以身体来表征和传承的文化。这是体育文化不同于非人体文化的鲜明特征。不同的运动项目由于人体运动方式的差异导致不同的身体形态特征。体育运动中的教育多采用身体动作，这是体育文化身体传承性的表现，至于竞技运动从选材到运动过程中的身体形态特征更是一直遗存，不同项目运动员的伤病各不相同也是表征之一。体育文化中身体运动也具有语言的功能。身体运动的节奏有如语音，身体运动的动作、技巧、姿态等有如语汇，动作、技巧、姿态等的衔接规律和组合方法有如语法，三者有机结合在动律中的形态与神态组成体育文化的语言交际功能。正因为人们在生活中缺少体育这种规范的非语言文化的交流，所以，体育比赛作为一种身体表征文化对人的交往方式是一个很好的补充。

（2）创造时空的延展性

由于体育是用身体来表现文化的，因此从萌芽到成为独立的文化形态，始终把物质与精神交织在一起。这是体育文化创造时空具有延展度的基础。体育文化的特殊性就体现在它以满足人的生命有机体的需求为基本目标，通过对生物的人的改造达到对社会的人的塑造之目的，进而通过自身深邃的思想力度、宏伟壮观的表现广度来影响社会生活，影响整个人类的物质和精神世界，达到丝毫不逊色于任何文化的目标。从这个意义上，体育具有极大的文化创造性和实现时空的延展性。体育文化也是一种在时间的流程中以占有空间的形式来展现的文化，它的文化延展性也可以波及人的心灵与情感，并在社会化的体育活动中被赋予各种价值。与相对高深的音乐相比较，体育文化从起点低到目标高远，从人的生命体到世界大同，达到了一种特有的人体文化境界。

（3）激越和动感的竞争性

直接的身体动作竞争以拳击、柔道、摔跤等直接以人的肢体和器官而较少借助器械的对抗性活动最为典型，这些活动的文化寓意与其他足球、篮球、水球、曲棍球等同场对抗性运动不同，与田径、体操、游泳等利用肢体力量、技巧等较多的运动也不同，与乒乓球、羽毛球、网球等隔网对抗运动更不同。

当前，体育运动正越来越复杂地体现出运动形式的多样性，正日渐融合现代科技等因素，但竞争性依然没有动摇，有人甚至把竞争称作是体育运动的灵魂。体育运动表面上只有一种竞争，即与竞争对手的竞争，实质上蕴含着三种不同层次的竞争。一场体育比赛最基础的是对自我的超越，其次是对对手的超越，最后是对纪录和体育运动规律的超越。这些超越其实就是竞争。由于以直接的身体运动形式来表现，往往有直接的对抗，这使得体育运动的竞争体现出激越和动感，体现出不同于智力竞争的特性。所以说，激越和动感的竞争性是体育文化的特性之一。

（4）社会操作的从属性

正因为体育文化具有的表现和评价的直观显性、身体表征和传承性、规模和场面的宏阔性等诸多其他社会文化所无可比拟的独特性，再加上它本身不是一种可以直接产生物质利益的活动方式，因此，体育文化往往在不同的历史阶段为社会其他文化尤其是经济和上层建筑领域的文化所控制和利用，这在很大程度上拓展了体育文化的功能和价值。

但是，必须辩证地看待体育文化的这种特性。在一定历史时期和特定背景下，它对体育文化自身乃至社会的发展往往是有益的。必须说明的是，体育文化的上述特性只是针对一般体育文化而言的，上述各种特性不可能完全适用于所用体育运动。同时，上述各种特性不是相互割裂的，而是相互依存和相互影响的，诸多特性之间存在着有机的联系。

（二）文化的功能

1. 教化功能

文化能教会人们为人处世的道理。文化是个独立的个体，它独立于个人而存在，有其自身的内在结构与规律，因此从人降生的那一刻起，文化就为人类提供了一个规定的行为模式，教导人们应该如何在本身所处的大文化背景下，在同一社会的全体成员可以接受的范围之内去规范自己的行为举止。在文化的熏陶下，人们会在成长的过程中形成和践行本民族文化的价值观、世界观、思维模式和交往方式等，从而使人们在本文化的大背景下能够更好地和人相处。如果没有文化的指导与约束，人们的行为将会因为没有规矩而混乱不堪，人们会觉得无所适从，不知道如何待人处世，与人沟通，甚至无法团结起来进行社会防卫。

所以说，文化可以教会人们充分地利用人类自身经历数百万年的进化而积累下来的智慧，使人们能够与自然、社会、个人和谐地相处，在面对复杂而艰险的环境时能够处变不惊、从容应对，从而使人类社会健康地发展。

2. 经济功能

"文化经济"这一概念已经为人们所熟知，它是经济发展中的一个重要组成部分。文化的经济功能主要体现在两个方面。

首先，文化可以直接推动经济的有效发展。文化的经济功能也是建立在其凝聚人心，使人们具有创新思维，使人开阔视野，提高自身素质，并在很大程度上为经济的发展起到巨大推动作用的基础之上的。所以说，文化和经济是紧密相连、不可分割的，许多实践经验证明，文化建设对促进经济的发展具有不可磨灭的作用。其次，文化能直接创造经济效益。在经济产业中，文化产业也是一个重要的组成部分，因而可以把文化列为国民经济的一个重要产业。所以说，发展文化产业就是发展市场经济，就是创造社会财富。

3. 休闲娱乐功能

体育作为人类积极维护健康的手段，是人类文化的积淀和理想的追求，是人类身体和精神的乐园。体育是一种活动性的身体文化，给人带来欢乐，放松身心，陶冶情操。随着物质生活条件的改善和工作时间的缩短，节假日的增多，人们积极参与休闲娱乐活动，获得生理上的快感和心理上的愉悦。体育融游戏性、竞赛性、艺术性和娱乐性于一体，显示出它特有的休闲娱乐功能。体育与休闲娱乐相结合，才能成为健康生活的重要内容。

4. 社会整合功能

一旦社会缺乏必要的社会整合，那么这个社会必将变得四分五裂。对一个民族而言，无论人们是否处于共同的制度之下，也无论是否居住在一起，只要他们拥有一份共享的文化，便都会有自觉的民族认同感，而这种认同感就会促使他们在心理和行为上连接起来。所以说，文化的整合功能是民族团结和秩序安定的基础。

具体来讲，文化的整合功能包括价值整合、结构整合和规范整合。其中，价值整合是一种最为重要的功能，有了价值才有结构和行为的协调。但社会是一个呈现出多元化的结构体系，也会产生不同程度的异质性，异质性越强，分化的程度越高，多元结构也就越复杂，这就需要文化的结构整合。规范整合则因增加值需要而产生，由文化的整合使之系统化和协调化，并使规范内容化为个人的行为准则，进而将社会成员的行为纳入一定的轨道和模式，以维持一定的社会秩序，这就是文化的规范整合。

5. 导向功能

文化的社会导向功能主要体现在提供知识、巩固社会进步成果、协调社会管理等方面。社会中有着各种导进系统，如计划系统、决策系统、教育系统、科学研究系统、管理系统等。社会导进必须以知识为动力，而新的知识，包括新的理论、科学、技术，则有赖于文化上的发明和发现。在这一基础之上，人类有计划地推动社会进步是一项巨大的社会系统工程。这一总的系统工程又包含许多子系统，而文化在各阶段子系统的协调配合中发挥着重要的调适作用。同时，作为社会的一种遗产，文化是不断积累的。社会的每一次进步与改革所取得的成果，都需要通过新的制度加以巩固，在新制度建设过程中以及建成以后，文化在新的发展阶段上再发挥调和作用，进而维持新制度的秩序与稳定。

第三节 体育文化的内涵

一、体育与文化的关系

（一）体育与文化存在对应性

关于文化结构，有多种划分，我们主张物质文化、制度文化、观念文化和行为文化的四分说，指出体育作为文化是文化的亚形态，与文化在结构上存在对应性，并非要将体育这一活生生的文化实体生硬地、机械地拆解成彼此分割且互不相关的几大块，而是要表明，可以对它从物质、制度、观念和行为几个向度、几种属性展开分析和考量。对体育这一活生生的文化实体的每个组成部分，都可以从上述几个向度和属性出发展开分析和考量。例如，无论是体育之组成部分的体育运动，还是体育之组成部分的体育产业都会涉及物质、制度、观念和行为方面的问题。但是，分析与考量的路径有多条，其中一条就是循着体育运动、体育精神、体育规则和体育产业来进行。

1. 体育运动

体育运动是一个复杂系统，可分为竞技体育运动和非竞技体育运动两大类型，竞技体育运动又可分为优秀运动员高水平的竞技体育运动（其中有职业和非职业之别）和群众性、普及型的竞技体育运动。竞技体育运动必须以项目为载体，各种各样的体育赛事都是竞技体育运动的平台。非竞技体育运动则带有浓郁的消遣色彩，使人的生活更丰富。它和竞技体育运动具有的争胜性、表演性不同，仅仅为了健身、放松等，形式不拘，因人而异，个性化强，随意性大。

体育运动乃体育之基础。从历时态角度看，体育运动是起点，首先有了体育运动，然后才有体育产业的出现、体育规则的制定和体育精神的积淀。从共时态的角度看，体育运动是核心，离开了体育运动，体育产业、体育规则和体育精神将成为无源之水、无本之木，它们都要服从和服务于体育运动的发展。但是，发展体育运动不但可以增强体质，而且可以塑造人的品德、开发人的智力、培养人的美感、磨砺人的意志，使人守章法、明道理、思进取、善合作。因此，我们不仅应将体育运动视为"身的教育"，而且应将其视为"心的教育"，它是身心统一的教育。

体育运动文化蕴含在各种体育运动形式中，正由于此，体育运动形式越丰富，越能体现和满足人的文化需要。

2. 体育产业

体育产业的形成，是体育和产业共同发展的结果。随着生产力水平的提高，国民经济中新的产业部门不断出现，改变着传统的产业结构。当代产业的含义已经从"产业是以生产物质资料为主导经济特征的物质生产部门"扩展到了"为生产和生活服务，并以信息、知识和精神为特征的一切生产部门"。

当前，世界各国都把体育产业作为第三产业，包括体育竞赛表演业、体育健身娱乐业、体育信息传播业、体育场地服务业、体育培训业、体育广告业、体育金融保险业、体育商业、体育经纪业、体育建筑业、体育用品制造业。如做进一步概括，体育产业无非包括体育实体业和体育服务业两部分。体育服务业的文化性不言而喻，体育实体业的文化性亦一证便明。体育物质都是被生产出来的，而且是在特定的时代因为人的特定体育需要而被特定地生产。从体育服饰、体育器械到体育场馆，体育实体的不断拓展和壮大，印证着体育文化正走向辉煌。

3. 体育规则

没有规则，无以成方圆。这里讲的体育规则，广义上包括竞赛规则、训练规则及管理规则等。规则讲究科学合理，公平公正。对体育竞赛而言，规则尤其重要，体育竞赛是双方或多方的博弈，规则决定了体育竞赛的基本形式和未来走向。

体育规则是体育人的契约，而契约签订的前提是对特定价值观的认同。契约是自由选择的结果，因此，体育规则的实施也就是体育人接受同一尺度的约束而共同行动。

体育规则文化的形成有两个层面：一是传统、习惯和知识的累积形成的体育规则文化的经验层面；二是由理性设计和建构的体育规则文化的预置层面。

4. 体育精神

体育精神是体育的灵魂和支柱，它涉及体育理念、体育价值取向和体育崇拜等。

"更高、更快、更强"是体育理念，"绿色奥运、科技奥运、人文奥运"是体育理念，"重在参与、永不放弃、永不气馁、永不低头"也是体育理念。

体育价值取向实现于三个方面：对个体而言，提高人的体能和完

第一章 体育文化概述

善人的身心健康，促进人的全面发展；对人与人的关系而言，倡导着"友谊与团结、和平与公正、关爱与尊重"；对群体与群体的关系而言，体育的"神圣休战"化干戈为玉帛。在现代社会，体育作为人类一种通用语言，不用翻译与解释，人们就可以顺畅地表达与交流，让人们之间更容易沟通、让合作更广泛、让处处出现新的可能性。

崇拜发生在人类生活的各个部分，就其场域而言，有科学崇拜、符号崇拜等；就其人物而言，有对政治家的崇拜、有对诗人的崇拜、有对演员的崇拜等。体育崇拜则有对体育形式的崇拜，如永远充满激情与诱惑的足球的崇拜，有对体育明星的崇拜。

体育精神是人类体育运动的产物，又对体育运动的发展产生了巨大影响，北京奥运会中国登上金牌榜首位，标志着中华民族精神的斗志昂扬，极大地鼓舞了中国人的体育自信，国人的各种形式的体育参与也表现出前所未有的热情。

体育精神属观念文化范畴，它不是外在于体育运动以及体育产业和体育规则的空洞抽象，而是内在于它们之中，作为它们的思想依据、信念支持、目标理想等。换言之，体育精神指涉的是人们发展体育运动和体育产业，制定体育规则的目的、动机和意图，指涉的是人们对名次、奖牌、荣誉，对项目设置、场所风格功能和使用，对市场、产值和利润所持的看法、立场和态度。

(二)体育与文化互动共生

1.体育与文化的互动共生表现为体育推动文化

体育对文化的推动作用表现为三方面:体育丰富了文化的形式、体育充实了文化的内容、体育扩展了文化的功能。体育运动形式的多样性以及欣赏各类体育比赛的特定礼仪为行为文化添砖加瓦;体育产业的兴盛,不仅提供了实物支持的有形产业文化,而且在物质文化领域衍生出体育服务等无形产业文化;围绕赛事安排、公平竞赛各方面体育规则的不断完善,不仅创新了体育的制度文化,也对社会行为的制度规约发生着辐射效应;前述的体育理念、体育价值取向和体育崇拜,则在人类精神文化上产生新指引。

2.体育与文化的互动共生表现为文化进入体育和体育成为文化

文化进入体育,不是文化对体育的侵入,而是体育对文化的呼唤,实质上是体育的合乎历史发展逻辑的文化生成。

由于文化的生成是物质、观念、制度和行为的相辅相成、相得益彰,与此相关,文化进入体育见诸体育物质支持的日益增强、体育精神追求的持续提升、体育竞赛制度的严格规范和体育运动行为的科学完善等。

体育成为文化在于体育人的文化自觉。体育作为一种育化方式,一开始仅仅是身体运动的传授,与人类的生存具有直接相关性。当人类的生存问题得到基本解决,体育的意义才与人的发展联系在一起,对人的身心关系、人与人的关系、人与社会的关系以及人与自然的关系产生重大影响，从而原初简单的运动被赋予越来越高的文化使命，使体育更具人文影响，形成了稳定的体育运动形式、常规的体育赛事、可通约的体育文本以及普适的体育理念，对人的培养和熏陶也越来越全面深刻，体育也就自然而然地成为文化的一个组成，与其他的育化方式共同影响着人类的存在方式和历史进程。

从体育与文化的互动共生看，我们还要指出的是，文化进入体育，体育成为文化后，作为一种亚文化，便与其他亚文化彼此影响着，这种影响，有时是相互促进、相互渗透、相互贯通，有时也相互约束、相互冲突、相互抵制，这些其他的亚文化，我们特别要关注的是政治、军事，此外还有科学、文学、艺术，等等。离开与其他亚文化的彼此影响，就没有一个体育的问题我们看得清、道得明。也正是因为文化对体育的进入，体育成为文化后作为亚文化形态与其他亚文化形态的相互影响，体育方才越发绚丽多彩、生机勃勃、魅力无穷。

二、体育文化的概念、分类与性质

（一）体育文化的概念

体育文化是关于人类体育运动的物质、制度、精神文化的总和。大体包括体育认识、体育情感、体育价值、体育理想、体育道德、体育制度和体育的物质条件等。体育的技术方法属于体育认识的范畴，是人类认识过程的一种特殊形式。体育文化这个概念，不同于传统的《体育理论》《体育概论》中给体育运动所下的定义。它的意义在于：一是把体育运动当作一种文化现象看待和研究；二是研究体育活动的文化背景，观察体育运动与文化的关系；三是考察体育运动的文化意义，确定体育在人类文化大系统中的地位；四是研究如何自觉地塑造具有独立形态价值的体育文化；等等。

在体育社会学中讨论体育文化，主要讨论体育的社会制度、社会意识、价值观念、社会结构、社会控制、社会群体等问题。

在人类文化史中有很长一段时间，将体育排斥在文化之外，甚至将体育与文化相对立。这种偏见认为，体育没有价值或只有很低层次的价值。在文化价值序列中，人们重视智慧、精神的活动，将哲学、文学、艺术、音乐等视为具有人类精神价值的文化，并将其作为实现民族和国家的理想和价值的神圣活动，而把强调身体激烈活动的体育和体力劳动等同起来看待，给予歧视和压抑。这种偏见的形成是由欧洲中世纪时对体育文化的狭隘认识造成的。

体育是一种文化，我们可以从以下几个方面理解。

第一，体育是人类且只有人类才能创造出来的一种社会活动。人类区别于其他动物的一个重要特征，就在于人类能创造出各种文化系统来。而这些系统中恰恰包含了体育。各种动物虽然也能进行各种肢体活动和嬉戏，但这都是它们的本能活动，不具备任何文化意义。而人类创造的体育是后天习得的，并非遗传的。

第二，体育运动具备文化的各种特征。在前一节中，论述的文化的特性，即文化的继承性、时代性、民族性、世界性、阶级性都能在体育运动中清晰地看到。

第三，体育运动不仅有它外在的身体活动形式以及设施、器材等物态体系，而且具有内在的价值观念、意识形态、行为规范等。这些深层的意识形态方面的内容，已经成为人类共同理想的一部分，如奥林匹克精神、奥林匹克原则、体育道德等，都已经成为对青少年进行教育（承袭文化）的重要内容。

因此，体育运动是文化的一个部分。之所以认定体育文化在文明的范围内，是由体育文化的性质决定的。因为当代体育是一种文明活动的结果，而且随着人类社会的发展，还会越来越繁荣，甚至可以成为社会文明程度的一个标志。

（二）体育文化的分类

从体育的不同活动主体、不同活动方式、不同活动目标，我们可以把体育文化分为学校体育文化、竞技体育文化和社会体育文化三大类。学校体育文化是以培养学生的体育意识、体育精神和体育技能为主要形式，以增进学生身心健康和提高学生的体育素养为主要目标的文化活动过程，它主要是作为文化教育或教育文化的一部分而存在的。竞技体育文化主要是通过身体的对抗和竞技展示身体的力与美的活动过程，从审美的观点看它更具文化艺术或艺术文化的特点，从哲学的视角看它实质上是人的本质自我实现的一种方式。社会体育文化是以大众参与为主要特征，以健身健美为主要目的的社会文化生活过程，它是社区文化最重要的内容之一。

从体育发展演进的历史过程来看，我们可以把体育文化分为古代体育文化、近代体育文化和现代体育文化三大类。古代体育文化的宗教性、民族性、地域性、自发性和工具性较强，而其商业性和自觉性较弱。近代体育文化以学校体育文化的崛起为主要特征，其宗教性基本消失，民族性、地域性弱化，商业性、工具性和自觉性都明显增强。现代体育文化具有鲜明的国际性、产业化和人性化特点，内容更加全面，形式日益丰富，影响不断扩大，一个国家的体育实力现在已经成为综合国力的重要方面，体育竞技也由此成为综合国力竞争的重要内容。

从体育的空间分布来看，我们既可以从最大的方面把体育文化分为东方体育文化和西方体育文化两大类，也可以从中观的层次将中国的体育文化分为中东部体育文化和西部体育文化，还可以从较小的方面把体育文化分为企业体育文化、社区体育文化、军营体育文化、校园体育文化和村镇体育文化。

从体育文化的内在品质我们可以把体育文化分为体育观念、体育思想、体育理论、体育科学、体育精神、体育艺术、体育道德、体育法规和体育风尚等若干个方面。

（三）体育文化的性质

体育文化具有以下几个方面的性质。

从文化层次来看，体育文化是一种从属于社会文化和体育活动的亚文化，它既有社会文化的一般性质和主要特点（时代性、民族性、地域性、历史继承性和相对独立性），也具有体育活动的个性化特征（以体为本、身心并重、着眼完善、易于交流），作为一种亚文化，它是依附和依赖于社会主流文化和文化主流的，是受社会文化大系统的制约和影响的。它既参与社会文化大系统历时态的演进和共时态的交流，又具有自身相对独立的运行机制和发展规律，体育文化的研究更多地要注视这种相对独立的运行机制和特殊的发展规律。

从文化历程来看，体育文化既是一种亘古未绝的文化传统和传统文化，更是一种"当代性"在不断增值的现代文化。作为具有悠久历史文化传统的现代体育文化有着不同于其他一些古代文化类型的生机与活力，可以说体育文化是当今世界文化舞台上最引人注目的文化类型。体育文化的这种活性即现代性特点决定了其重要的地位与作用，建设现代体育文化由此而成为建设现代文明、实现现代化不可或缺的重要内容。

从文化类型来看，体育文化是一种非实用性的文化。它不像企业文化、商业文化等现代文化那样具有明显的功利性。从价值观的角度来说，体育的工具价值在不断弱化，而其内在价值却在不断地提升。体育日渐成为人们生活中不可缺少的重要内容，而且随着人们生活水平和生存质量的不断提高，体育的作用就显得越来越重要。体育文化的这种非实用性特点决定了体育文化从某种意义上讲主要是一种消费文化、休闲文化和娱乐文化。因此，体育文化建设对物质文明建设的依赖性很强，经济发展水平与体育文化发达程度是成正比的。

三、体育文化的功能

（一）教育和培养功能

体育文化为我们创造了文化环境，使我们在潜移默化中提升自我身心水平，在生活中起到了教育人和培养人的作用。体育教育可以用最直接、有效的方式培育人的体质，影响人的性格。从最初的坐、爬、站立，到后来的走、跑、跳、投、攀登、爬越；从人体肢体活动的技能、技巧，到参加到体育竞技的活动中来；从遵守活动和比赛规则，到养成自觉的、良好的生活习惯和健康的生活方式等，无不与体育文化的教育和培养功能息息相关。

（二）调节和引导功能

体育文化已成为现代社会主流文化中的重要部分，对道德和法律范围之外人们的社会生活和行为起着十分重要的调节、控制和引导作用。它不仅能让具有价值观、道德观、世界观不同的人汇聚到一起，甚至能让具有不同意识形态的人在共同的体育文化理想和价值观下实现共同的祈愿，让社会更加和谐稳定。

（三）吸收和融合功能

通过体育的方式、途径去吸收、融合各民族的先进文化是十分快捷且有效的。在我国积极地学习西方先进的体育文化的同时，西方国家也不断研究并借鉴东方体育文化的精粹部分，各文化集体通过体育文化的渠道去吸收和融合各国文化的特质，最终用来繁荣和发展各自的文化。

（四）聚合和凝结功能

近百年来，和平发展、共同进步一直是世界人民的共同理想，把不同国家和民族的人聚集在奥运会的五环旗下，可见体育文化对人们的凝聚力是其他文化远远不及的。体育文化的聚合和凝结功能具有多层次性，其在体育文化精神层面的凝结力量是最深、最强的，也是较为稳定的。相同文化背景下会产生相同的体育文化习惯和相同的体育运动项目选择，会引起不同程度和范围的文化聚合力。就好比喜欢打篮球的人会因为爱好相同而聚合在一起，一群孩子会因为一个游戏而聚合在一起。

（五）传承和传播功能

交流和传播是体育文化发展过程中的一种重要形式，其中包括传承性和传播性两大途径。

传承性是指体育文化在时间上传承的连续性，即文化的纵向延续性。在早期社会中，人类主要通过对肢体动作的记忆来记录和传承社会文明及生存和生产生活技能。这种文明的传承方式中，包含了大量原始体育文化因素和历史文化。

传播性是指体育文化在空间上伸展的延展性，即文化的横向传播性。体育文化的横向传播不仅可以指在各社会群体和群体之间、群体和个体之间、个体和个体之间的互相传播，还可以指国家和国家之间、民族和民族之间、地区和地区之间以及国家、民族、地区三者间的互相传播。

第四节　体育文化的特点与功能

一、我国现代体育文化的特点

体育文化不仅具有体育属性，而且具有丰厚的文化属性。它既有文化所具有的普遍性特征，也具有共同的体育特性。我们根据对"文

化"和"体育文化"概念的理解,清晰地发现,体育文化可以梳理出以下基本特征:

首先,我国现代体育文化的发展和形成是一个长期的过程。

通过对体育文化概念和形态的分析,我们可以看出,体育文化的形成并不是一个顺利的过程,而是经过长期的积累和发展,最终才形成的。在体育文化发展的初级阶段,即前体育文化形态中,可能根本就不存在"体育"这个词,只是一些最初的体育现象和一些类体育活动而已。到了现代,体育文化的内涵和外延已经比较丰富,并得到一定程度的发展,很多专家和学者也对体育文化的功能和价值、体育文化的形态、体育文化的发展变迁、不同体育文化的比较等进行了深刻而广泛的研究,并且从传统体育文化形态一直研究到现代体育文化形态。体育文化经过数千年的发展,才有了我们今天所看到的体育文化形态。由此可见,体育文化的发展和形成是一个漫长的过程,不过,今天我们所看到的体育文化形态并不是最后的,也不可能是最后的,体育文化依然处于不断的发展当中。

其次,现代体育文化要想得到继承和发展,必须走"体育教育"和"体育文化传播"的道路。

体育文化与普遍性的文化一样,其传送和传播必须要依托一定的载体。一方面,体育文化具有较强的体育属性,与体育运动和体育项目高度相关。而我们为了能够接触体育运动和体育文化,就必须通过学校里面的体育教育这个重要途径。在学校,我们能够接触到各种体育运动项目和体育运动的方式,通过参与体育运动,我们接触了体育设备和体育场地;通过参与体育运动,我们了解了体育文化的精神和内涵，认识到了体育的根本规范和制度，体育文化就是在这种以身作则中得到传承和发展的。另一方面，体育文化传播也是体育文化得以继承和发展的一个重要途径。现代社会中，各类体育文化活动和竞赛的组织性极强、传播力极广。在奥运会、世界杯以及各类洲际竞赛中，各个国家和地区的代表队、运动员之间的沟通、交流与商讨，在很大程度上就是一种体育文化的输送和传递，而各类媒体经过电视转播或是报道，可以将任何一个国家和地区的体育文化活动传播到另一个国度和地域，促进了各个国家和地区的文化交流，完成了体育文化的全球化传播，保证了体育文化的继承和发展。

最后，我国现代体育文化同时具备民族性和世界性。

从地域的角度来划分，当代体育文化主要分为东方体育文化和西方体育文化。无论是哪一种体育文化，我们都可以明确地看出，它既是民族的也是世界的。一方面，体育文化是民族的。每个国家都有独特的体育文化活动，体育文化首先是民族的。另一方面，体育文化也是世界的，不同的体育文化从不同的地区和民族中产生，具有不同的体育形态、不同的体育内涵和外延。不过，不管体育文化具有什么样的形态、内涵和外延，一旦形成，它就是全世界共享的体育文化。以奥林匹克运动来例，它是从希腊产生的，具有较强的民族特征，可是随着时代的不断发展，目前已经发展成为近现代体育文化的主流和核心，发展成为被世界各国、各地区普遍接受和认可的体育运动和体育文化。从这个层面来讲，体育文化又是世界的。

二、体育文化的价值

在社会发展的过程中,体育文化发挥了非常积极的作用,并且能够在文化的进步上发挥出非常重要的价值和意义。虽然如此,体育文化的价值在目前来看,并没有得到社会广大人士的认同和了解,甚至很多专门研究体育文化的专家和学者,对体育文化的价值也没有深刻的认识和了解,不利于人们对体育文化的认知,也不利于体育文化的长远发展。因此,下面我们将对体育文化的价值进行简要的分析。

研究结果表明,体育文化的价值主要表现在以下几个方面:

首先,体育文化是社会价值观念和意识形态的反映。不同国家或地域、不同民族有着不同的体育文化。体育文化所反映的,并不仅仅是东西方体育文化范畴的差异,更反映了东西方社会价值观念的认识形态的不同。

其次,体育文化能够有效减少人类犯罪,并对我们面临的矛盾和冲突进行缓解。在国际各个国家的交流中,可能也存在着矛盾和隔阂,有政治上的矛盾,而体育运动和体育文化,能够超越经济、文化、政治和军事的鸿沟,让一些有矛盾的国家和民族,能够为了共享人类体育文化成果而站在同一个赛场上,有利于修复隔阂、降低矛盾。

再次,体育文化是对民族传统文化进行识别和认同的重要途径之一。每个民族都有专属于自己的文化和符号,体育文化是其中比较容易认同和识别的部分。从我国传统文化的发展传承方面来说,具有很多传播与发展体育文化的途径和方法。例如,很多历史遗址、出土文物、名胜古迹等有形物品,能够对我国的民族传统文化进行比较深刻和直接的传播；同时，京剧、戏曲等无形的文化形态也能够实现民族传统文化的传播和继承。在民族传统文化进行传播的过程中，无形的东西往往比有形的东西更能够得到有效传播，有形的东西会随着时间的流逝而逐渐地消逝，与"本真"的东西之间的差异越来越大，而无形的东西却不太会受到时间的影响，它总是在自觉不自觉地恢复"本真"的东西，揭示事物本来的面目。我们目前所讨论的体育文化，就属于无形的文化形态。中国文化中不仅包含体育文化，也有很多其他丰富的民族传统文化。例如，我国古代的蹴鞠就是足球的原型。在西方发达国家，体育文化已经成为其文化中不可或缺的一个重要的组成部分，成为其民族传统文化进行识别和认同的一个重要的途径。

最后，体育文化能够对人类的生存环境进行改善。体育文化的价值与人类劳动改造和创造环境一样，它也改造和创造着环境，只是这个"环境"区别于普通意义上的环境，是人类个体的生理环境和心理环境，乃至整个社会群体的生理、心理环境。体育在不断地、长期地创造和赋予环境新的意义和价值。作为社会中的人类之一，我们较为正式地接触体育一般都是在学校中，学校的环境成为我们改造自身的重要途径之一：通过参与体育运动和体育活动，人们身体素质和健康程度得到了增强，身体变得强壮，运动技能和水平都得到了提升；通过参与体育运动，心理也得到了较好的锻炼，经常参与体育运动的人，心理接受力更强，为人更加自信乐观，做事情更能持之以恒、锲而不舍，同时具有较好的团队精神和集体荣誉感；经常参与体育运动的人，能够较快地融入社会中，适应能力比较强，面对复杂的社会环境和人际关系，可以比较轻松地应对，而不会因为人际关系和社会环境过于复杂做出不明智的社会行为。从这些层面来讲，体育文化在不断地发展和改造着人类自身，有助于人们成长得更加健全，有利于人的身心健全发展，有助于健全人格的形成和实现。

三、体育文化的功能

体育文化的功能，与体育文化的概念、特点有着直接的联系，都是体育文化学科建设的核心问题，对其进行深刻探索，对体育文化的发展有着非常重要的意义。20世纪以来，人们对体育文化的功能虽然有着一定的认识，但是不够全面，因此，我们应分层次地对体育文化的功能进行分析和探索。

（一）体育文化的经济功能

体育文化与社会经济的发展随时保持着同步的关系。我国的体育文化发展到今天，并不是一蹴而就的，而是经过两个重要的发展时期：第一个发展时期是20世纪50年代中期至60年代中期，第二个发展时期是20世纪80年代初期至90年代初期。在第一个阶段，我国竞技体育的基础比较贫乏，在这种情况下，游泳、举重、田径、乒乓球等项目的优秀运动员率先突破，实现了夺取世界冠军和打破世界纪录的壮举，涌现出吴传玉、陈镜开、郑凤荣和中国乒乓球队等榜样，在民众中留下了很多具有影响力的事迹。并且，也出现了展现体育精神的电影、电视作品，如《水上春秋》《冰上姐妹》《女篮5号》《女跳水队员》等，对我国体育精神实现了体现和宣传，具有鲜明、超越体育领域的社会正能量。在第二个阶段，我国女排、体操、跳水、射击、举重等项目多数取得了世界体坛公认的优异成绩,李宁、郎平、容志行、许海峰、高敏等人成为妇孺皆知的明星,全国十佳运动员评选牵动了千家万户,体育成了人人歌颂的、具有划时代意义的重大事件,各个领域都实现了与体育文化的融合,如出现了奥运会纪念邮票、关于体育文化的报告文学等,"体育"成了很多文化形式的创作题材。在那个年代,"锻炼身体,振兴中华"成了时代象征的标语。因此,体育是人类文明和文化教育的载体,受到社会经济发展的影响,体育文化能够有效带动人们的工作热情,从而为经济建设掀起新一轮的风浪。

(二)体育文化的社会功能

体育文化的社会功能是非常重要的,它决定了体育文化的长远发展。在对体育文化进行研究的时候我们发现,体育文化是与社会紧密结合在一起的,并且对社会发展和人们生活的改善有着非常重要的意义,只有体育文化融入社会生活中,才能够自觉发挥体育文化的功能。具体来说,体育文化的社会功能有如下几个方面的表现:

首先,体育文化在人的全面发展方面具有非常重要的意义,能够提高国民的整体素质。

世界各国之间的竞赛实际上是人才的竞赛,所有国家都将抓住有利时机,加快培养在世界上具有强竞争力的全面发展型人才。竞赛是体育运动的中心,体育的竞赛包含着广泛而深刻的意义,能够对人的认知能力和创造能力进行挑战,这种挑战意识能够明显地扩散到广泛的社会生活中去。通过体育教育,能够培育出当前社会人才所需的多种精神,如努力奋斗、不断创新、坚忍不拔、公平竞赛和联合协作的团队精神等；通过艰苦卓绝的练习和竞赛，能够锻炼人的毅力，以及胜不骄、败不馁的坚强韧性；竞赛中的胜负得失能够培育人的责任心、使命感和爱国心；面对对手，要不断地超越自我，超越对手，使人们具备危机意识和竞赛意识，不断地向更高、更快、更强的方向奋斗；严肃的竞赛规则和铁面无私，能够引导人们养成维护道德规范、遵纪守法的美德。由此可见，体育运动在推进人的全面发展中具有突出作用，因此受到越来越多人的关注，也受到各国政府的重视。

其次，体育文化能够丰富人们的日常休闲生活，对全民健身活动起到促进作用。在社会经济发展的带动下，人们的生活水平不断提升，生活方式也发生了很大的变化。在物质生活得到满足的同时，人们对精神文化的要求也在不断提升，因此，需要参与到更加广泛的体育文化活动当中。体育文化是人类文化的重要组成部分，通过对体育文化的实践，能够丰富人们的业余生活。例如，当前很多国人在业余的时间来到广场上，跳起广场舞，不仅锻炼了身体，也在城市中形成了一道亮丽的风景线。

最后，在体育竞赛的过程中，其荣辱直接反映了国家、民族的精神，体现了民族的自尊。在历届奥运会中，我国选手都有非常优异的表现，使我国体育的国际地位越来越高，也提升了我国人民的民族自豪感。

第二章　体育文化软实力研究

作为与人类生存与发展密切相伴的体育，无论从物质层面还是从精神层面而言，体育一直触及着人类生活的意义问题，所以一直是人类社会生活的一种重要文化形式。而从文化学范畴解读体育，是人们接近与解密体育的一个重要视角。当体育已经被纳入文化的视野进行研究，体育就可能起到诸如文学艺术、科学技术、新闻媒体、电视电影等其他文化的功能。这种功能的发挥我们可以称为文化软实力。体育原初的文化属性奠定了今天体育的文化属性，也正是因为具有这些文化元素，体育才可以发挥软实力作用。

第一节　体育文化软实力相关概念解读

一、文化软实力提出的时代背景

党在十七大上正式将"文化软实力"写入中央文件中，从此我国学术界掀起了对文化软实力研究的热潮，相应的研究组织也逐渐增多，为我国文化软实力发展奉献了较多的研究成果。

考察文化软实力的时代背景还要从对外对内两方面着手。在对内发展层面，筑牢意识形态防线抵御错误思潮冲击是文化软实力发展的重要原因。在对外发展层面，文化软实力为国际竞争提供了巨大的优势，使我国能够树立独特的国家形象，彰显我国的国家魅力，形成国家话语权，从而带动我国的经济、政治等多方面的长足发展，体现了文化软实力发展的"硬道理"。因而，文化软实力是实现民族复兴的现实需求。

二、软实力与文化力

（一）对软实力的理解

我们在探讨文化软实力的时候，首先得从软实力说起。

1. 软实力概念的提出

软实力就是通过吸引别人而不是强制他们来达到你想要达到的目的的能力。其来源有三种：一是一国的文化，这种文化能对其他国家产生吸引力和感召力；二是一国的政治价值观，这种政治价值观必须是言行一致的；三是一国的外交政策，这些外交政策一方面合法，另一方面具有道德威信。

近年来，中国国内很多学者对软实力问题进行了研究。虽然他们从不同视角对软实力进行了界定，但至今软实力的概念仍然是歧义颇多。在这里，我们把软实力定义为：它是相对于一个国家的硬实力，包括人口、自然资源和经济、科技、国防等这些有形的、看得见摸得着的、以物质形态存在并且通常可以计量而言的，指一个国家的文化、价值观、社会制度、外交等产生的影响力。软实力是无形的国力要素，以精神和智力形态存在，能够潜移默化地同化别人，一般情况下没有办法计量。

2. 软实力的基本内涵

什么是软实力？软实力是通过吸引而非强迫或收买的手段来达己所愿的能力。它源于一个国家的文化、政治观念和政策的吸引力。在约瑟夫·奈看来，当一个国家的文化含括普世价值观，其政策亦推行他国认同的价值观和利益，那么由于建立了吸引力和责任感相连的关系，该国如愿以偿的可能性就得以增强。从约瑟夫·奈对软实力的界定中可以看出，软实力的实现主要是依靠本国文化、政治观念及外交政策对他国的吸引力。这种吸引具有很强的自主性。因此，任何国家要想增强本国的软实力，必须从文化、政治观念、外交政策等方面进行推进。任何企图通过强制力来提升软实力的行为都是注定要失败的。

软实力是相对于硬实力而言的，因此要正确地理解软实力，必须首先明确软实力与硬实力之间的关系。

硬实力与软实力之间既相互联系又有着本质区别。一方面，硬实力与软实力是相互区别的。两者的区别简单来讲就是物质力量与精神力量的区别。所谓硬实力是指看得见、摸得着的物质力量。而软实力则是指那些看不见、摸不着的精神力量。硬实力作用的发挥需要依靠自然资源等有形物质，因此其是可见的，而且其作用的发挥非常快速、直接。在很多时候硬实力作用的发挥可以通过强制力来实现。比如说，历史上有很多军事强国为了使其他国家能够对自己臣服，往往通过发动战争来显示自身的军事力量。而软实力作用的发挥主要是依靠自身对他国所产生的吸引力等无形的力量。这些力量作用的发挥一般都比较缓慢，无法通过强制手段来实现。

可见，软实力与硬实力之间有着本质的区别。此外，硬实力与软实力之间又是相互联系，不可分割的。任何一方的存在都是以另一方的存在为前提的。硬实力是软实力提升的重要条件，而软实力是硬实力发展的重要前提。

（二）对文化力的理解

国内学术界主要从经济和社会发展两个角度对文化力进行界定。在经济学视野中，"文化力就是各种文化因素在促进和推动生产力发展中的内在力，也可以理解为人们在改造和征服自然中的文化力量"。而从社会发展角度对文化力的理解则存在诸多不同。有观点认为文化力就是文化生产力，也有观点认为文化力就是文化实力。目前大多数学者比较认同的概念是，文化力是指文化本身所包含的可用来认识和改造人类自身的力量。如高占祥在其《文化力》一书中指出，"文化力是指文化所蕴含着的巨大力量"。这种"力"并不同于物理学上的"力"，因而，人们更形象地将文化力称为"软实力"。从本质上说，物理的"力"，是人类用来"化"自然界的；而文化的"力"，是人类用来"化"自身的。由于之前我们在对文化概念进行界定时，把其限定在化人的功能上，因此本书中对文化力的理解也就必然限定在文化力所具有的化人功能之上。由此，笔者认为，所谓文化力是指文化本身所包含的用于认识和改造人类自身的积极和消极力量。

文化力虽然不是社会发展的根本动力，但其在社会发展中发挥着重要作用。文化力、经济力与政治力之间是相互影响、相互制约的。一方面，文化力是对经济力和政治力的反映。一个社会中作为基础的经济力发展到何种程度将极大地制约该国政治力和文化力的发展，而一个社会具有何种政治力也会对以精神形态存在的文化力产生影响。另一方面，文化力又会对经济力和政治力的发展起到影响作用。因为与经济力和政治力不同，文化力是一种精神形态的作用力，其会对人们的精神生活产生全面影响。而受到文化力激励或约束的人们在社会实践中又会对社会经济和政治发展产生巨大的推动或制约作用。可见，文化力在社会发展中发挥着非常重要的作用。

三、文化软实力

（一）文化软实力的概念解读

受对文化概念不同理解的影响，目前对文化软实力概念的理解可以分为两种：广义的文化软实力概念和狭义的文化软实力概念。

广义的文化软实力主要是指一个国家的文化价值观、意识形态、社会制度、文化模式、对外交往所表现出来的凝聚力、吸引力、影响力和竞争力。它是相对于经济、军事等刚性力量而言的软性力量，包含对外、对内两方面的内容。从对外角度而言，文化软实力包括国家的创造力、思想的影响力、观念文化的亲和力以及文化产品传播力和辐射力。对内而言，文化软实力包括民族团结精神、核心价值观的认同、民族文化的继承与创新等。文化软实力的核心是思想、观念、原则等价值观念。它的载体是文化产品，文化交流活动、文化教育和信息传播媒介。而狭义的文化软实力主要是相对于政治软实力与外交软实力而言的。其主要是指一个国家或地区文化的影响力、凝聚力和感召力。

（二）文化软实力的特征分析

1. 发挥作用的持久性

文化软实力作为一种国力的凝结，持久性是它的基本特征，具体体现在润物无声，以潜移默化的形式将更深层次的精神力量逐步凝聚成强大的综合国力。与此同时，人们对文化软实力不断赋予符合时代要求的价值理念，使文化软实力概念逐步得以完善。因此，文化软实力在每个历史阶段所发挥的作用都是具有持久性的。

它的持久性主要体现在两个方面，一是我国文化软实力建设本身，二是构建情感沟通的桥梁。

2. 发挥影响力的渗透性

文化软实力虽然是一个抽象的概念，但它的渗透性却优于具有物质形态的硬实力。它的渗透性主要表现为两方面：一方面，硬实力与软实力相互依存。文化软实力能够为硬实力的发展提供相应的智力支持，才能使硬实力转变为有实用价值的物质资源。而硬实力也为软实力的存在提供了物质保障，两者相互渗透产生强大生命力。

另一方面，文化软实力的渗透性体现在对国民素质的培养和文化大众化上。网络信息时代使国民的一举一动逐步呈现为"透明化"趋势，公民的言行举止已经成为世界审视一个民族整体实力的标准。我国的文化软实力立足于大众喜闻乐见的文化产品，能够使广大群众了解我国文化的独特魅力，激发民众对文化的深入学习兴趣，从而提高文化素养，涵养价值理念，塑造国民整体素质，使文化实现从自信到自强的飞跃。文化软实力的价值理念渗透性要达到这样的一个效果：

每个公民在日常行为中都能够在精神上得到满足并自由全面的发展，在此框架下能发挥自己的力量有助于社会的整体构建而非阻碍社会的发展，这就是文化软实力渗透性的具体表现。

3. 组成内容的多样性

文化软实力作为综合国力的具体表现，它的多样性主要体现在以下几个部分。

第一，在内容上，不仅有优秀传统文化、革命文化及社会主义先进文化等主要部分，每个部分都包罗万象、博大精深，其涉及范围从科学技术、学术理论、文艺作品延伸到民风民俗。

第二，在形式上，除了传统的国家文化交流，还包括课堂教学、社会实践活动、主题文化展等形式。

第三，在环境要求上，文化软实力讲究的是国内与国外两者的关系，既要立足以文化软实力为外交手段的国外环境，又要立足国内对国民素质的要求及学术领域的研究。

第四，从文化产业属性上来看，文化软实力一方面强调在意识形态领域的指导地位；另一方面强调的是以物质形态存在的文化事业，如京剧、越剧、剪纸、优秀文学艺术作品的存在都是文化软实力的存在形式。文化软实力是一个兼具思想价值和物质价值的复杂概念，这也成为它能够在影响力方面具有持久性和渗透性的重要原因。

第二节 体育与国家文化软实力建设

一、体育文化在国家文化软实力中的地位

体育文化作为国家文化总体中一个不可或缺的重要组成部分，在国家的文化利益方面起着决定性作用，为文化软实力保驾护航。经济全球化背景下，时代的发展要求一个国家的影响力不管是政治、经济还是在国际关系中的话语权、对国际事件的控制力和影响力，及自身民族的团结凝聚力都无时无刻不面临挑战。文化作为其中的一个独特组成部分其范围遍布全球，且没有一个国家和地区能脱离文化，文化力量衍生出来的力量能在客观方面彰显一个国家的实力，即软实力作用。

体育是一个国家综合国力的重要组成部分，是现代社会文明的主要标志，对社会主义精神文明建设有着极大的推动作用。如何通过体育大力弘扬中华民族精神？如何通过体育塑造国民的身体与精神素质？如何通过体育提高经济水平？如何通过体育实现强国目标进而构建和谐社会最后达到全民素质整体提高？回答这些问题，对体育提出的就不仅仅是技术层面的要求，更要求体育发挥其文化属性，呼唤体育文化的担当。

体育文化已经成为现代社会的主流文化，国际国内各大赛事的传媒效应已经广泛融入并影响着人们的生活，在精神和文化意识里占据着一席之地。随着人们日益增长的文化需要和经济的发展，人们有更

多的时间和精力在体育文化方面辐射,所以更多的体育赛事也就成为各个国家和地区争办的对象,这些行为的意义不只在于经济的利益,更多的是借助体育彰显文化的感召力、文化的影响力、文化的实力,将自身的文化以体育为依托全面展现自身软实力。以2008年北京奥运会为例,在申办期间,我国各族人民、全社会都以申办奥运会为最终目标,在各个方面注意自己的言行,为申办增光添彩,这期间的民族凝聚力空前强大,在申办成功后全国上下无不欢欣鼓舞,这又是民族自豪感的真情流露。在举办奥运会期间,从奥运会开幕式对我国传统文化的张扬,到奥运赛场摘得桂冠的热泪,再到最终奥运会完美落幕,吸引了无数国内外的目光,所有这些都是体育文化作为国家软实力发挥的价值和意义。

由以上表述可得出,体育文化软实力的组成主要有吸引力、影响力、观念和道德的塑造力等层面。这些都说明,体育文化能凝聚和整合整个民族的自信心,从发展方向、个人与社会、行为综合素质等方面改变每个人的品质和修养,强化民族认同感,从而体现体育的文化软实力作用。

二、体育文化在国家文化软实力中的重要性分析

(一)体育文化维护国家形象,彰显大国风范

21世纪以来,我国健儿在各个专项赛事奋勇争金,在各大赛事取得丰硕成果。2008年北京奥运会全球瞩目,国际重量级别的国际领导人、金融巨鳄等出席奥运会并在我国进行一系列的访问以及洽谈合

作，这无不表明我国已跻身世界强国行列，国际地位已经获得承认。

"同一个世界，同一个梦想"的奥运理念将一个开放民主的中国展现在世人面前，我国将一直秉承和平、合作、发展以及负责人的大国态度参与国际事务。同时我国健儿也不辱使命，团结奋斗向世人展现我国优良的凝聚力，顽强拼搏树立精神榜样，公平竞争继承民族传统。同时，北京奥运会也将中国"礼仪之邦、文明之邦"的形象传遍全球。奥运期间的媒体自由也是我国自信包容态度的直观体现，体育以其独特的文化气质，彰显着大国风范。

（二）体育文化推动民族文化传播，促进国家综合国力发展

综合国力是一个国家在一定时期内所拥有的各种力量的总和。包括文化、制度、外交等软实力，也有军事、科技等硬实力，两者之间有着紧密联系。硬实力为软实力提供基本物质保障，软实力从精神、政治层面反馈于硬实力，两者相辅相成、相互促进。20世纪80年代以来，我国改革开放以后经济飞速增长，外在国际环境相对稳定，所以我国抓住这一有利局势发展经济、军事和科技等硬实力，并取得了很大成效。科学技术的发展日新月异，又为软实力的发展保驾护航，提供了充足的物质基础。

同样，我国的文化软实力也取得了长足的发展，电影获得国际大奖，文学上莫言获得诺贝尔文学奖，网络文学被翻译成多国文字……无不向世人展现国家的综合国力，其中当然也包括体育文化的软实力作用。21世纪以来，我国体育健儿在各大国际赛事上崭露头角摘金夺银，刘翔、苏炳添、张国伟、巩立姣等一批年轻的田径运动员在国

第二章 体育文化软实力研究

际大赛中崭露头角,填补了中国田径赛场的空白。丁俊晖在斯诺克运动的成功、李娜在女子网球的辉煌等组成了一支挑战世界体育的大军,在各个项目上冲击着新的高度。近几届奥运会的奖牌数位居世界前列就是有力证明。

在这样的体育大环境下才有了体育文化的蓬勃发展,大众健身红火开展,体育产业带动相关产业不断壮大,体育制度也在这样的大环境下不断完善。这些都表明我国体育文化在有序发展,其软实力作用明显,彰显我国综合国力的壮大。我们在体育领域,可以向世界宣告,中国已经完善成为一个有实力并且负责任的大国,我们愿意参与任何国际事务,并且尽我们所能为国际事务做出我们的贡献。

在看到我国体育发展的同时,我们成功举办的北京奥运会和广州亚运会都使人们直观地看到我国在国际范围内的影响力,不仅能成功申办而且带给全球最精彩、最富中国特色的赛事,这些同体育文化的民族凝聚力一起,对外树立的富强、民主、文明的负责任大国形象,国际众多国家地区对中华民族更加认同,对中国的信任与日俱增,体育文化对中华民族文化的传播起了带头作用,对增强我国软实力的作用明显。

我国体育正在崛起,体育文化正在作为软实力的重要组成部分吸引着全世界的关注。所以我们要再接再厉,将体育软实力与硬实力相结合。

(三)体育文化在外交活动中发挥积极作用

体育不仅在日常生活中推动和谐社会的进程,在国际政治交往中

体育文化的传承与发展研究

还扮演着重要角色。体育文化的政治价值主要突出在以体育为媒介，以国家利益为基础，通过体育活动在各个国家地区之间的交往来进行外交活动。我国外交始终建立在独立自主的基础上，维护国家统一，和平共处，以体育活动形式来促进各个国家优秀文化交流以及维护国际关系。

我国成功举办2008年北京奥运会，最大意义在于凝聚各族人民，通过奥运会传播到世界每个角落，让全世界看到并了解中国。此外，成功的背后是我们强大的国家实力经济、社会和政治和谐稳定的集中表现。

以上通过赛事的交流，从国家层面说明了体育发挥的文化沟通效用与价值。运动员自身的交流和国际往来也是我国的文化"品牌效应"。20世纪末深化体制改革，在体育市场同样也进行了引进和向外输出，这都为提升中国体育市场影响力做出了贡献。优秀外援的引进，国内优秀运动员的输出，这样的国际交流不仅是运动员个人的成长，更是不同文化之间的相互交流和碰撞，在不同国家地区、民族信仰、文化传统的交流中传递中华优秀传统文化，让更多的人认识中国，了解中国，促进世界和平。

我国传统体育文化历史悠久，体育文化软实力作用在对外关系上表现卓著，这可以称作体育文化的外交软实力。进入21世纪以来，我国正一步步将传统体育文化向全球展示并传播，我国特色武术已经开始在国际舞台上占据一定地位。2008年奥运会的开幕式正是中华民族上下五千年文化与历史的浓缩，以体育为媒介在向全世界传递着千年的文化与文明。这样的体育盛事，就像遍布全球的孔子学院一样，利用现代的宣传和推介方式搭建传播平台，发挥文化的软实力功能，让中国文化传遍世界。

三、正确发挥体育文化在建设国家软实力方面的积极作用

（一）正确理解体育与政治的关系，发展体育的政治文化功能

在体育运动发展的过程中，人们发现了体育与政治之间的联系，即体育对国民世界观的导向作用和体育为政治服务的作用。因此，我们要提倡正确使用体育对政治的影响和作用，提倡和平世界和奥林匹克精神，抵制功利性体育和小集体主义的体育行为。

体育是国家软实力的重要组成部分，体育在接受国家管理，为公民谋福利，并且得到公民信赖与支持的同时，国家积极地按照体育规律办事，推动体育事业的发展，体育文化的兴盛是国家文化软实力提升的一部分。

（二）正确发挥运动员对国民价值观的导向作用

体育文化在公民个人价值观的形成中有重要的导向作用，这会通过运动员的个人文化素质、精神面貌等发挥出来。

职业运动员在比赛中备受国民关注，他们为体育事业付出的汗水也是国民所认可的，国民会以极大的热情和绝对的信任关注各项比赛。因此，运动员在比赛中的表现，也会影响到国民的情绪，更是国民评判是非的重要依据。一名遵守比赛准则，并在比赛出现质疑时冷静处理的运动员会使国民更为理智地面对和解决问题；冲动而与规则抗衡

的运动员会同时煽动国民的不良情绪，从而用极端行为处理问题。此外，职业运动员在日常生活中也备受关注，引导着青少年一代的潮流，影响着成人的情绪情感，积极乐观、生活朴实的运动员会受到更多的信赖和关注；反之，则会使国民对其失望，甚至影响对国家的信任。所以，引导职业运动员积极乐观生活、朴实无华做人，也是体育文化发展过程中的重要一课。

第三节　体育文化推动和谐社会构建

一、体育文化是社会主义先进文化的组成部分

什么是先进文化？"在当代中国，发展先进文化，就是发展面向现代化、面向世界、面向未来的，民族的、科学的、大众的社会主义文化，以不断丰富人民的精神世界，增强人们的精神力量。"以先进文化的标准来审视体育文化，其先进性是极其明晰的。

（一）体育文化是全人类的共同语言

体育文化的表达方式最接近人类的生命本源，寄托着人类对理想的永恒追求。它容易超越狭隘的民族心理，跨越地域和语言界限，成为全人类的共同语言。体育运动作为人类文化的共识符号，打开各民族相互了解的新视窗，体育架起了全球一体化的又一座桥梁。从这个角度来看，体育文化对一个国家和民族而言，其先进性是不言而喻的。

（二）体育文化体现了人类对真、善、美的追求

体育的魅力来自其本身所蕴含的真、善、美。其中有以真为核心理念的科学，还有以善为核心理念的道德和以美为核心理念的艺术。刘翔在雅典奥运会上以 12.91 秒的跨栏成绩让全世界刮目相看，让爱琴海畔有了新的不朽传说。刘翔的成功不是靠纯粹的体力比拼，其中有现代化科学技术的支撑，也有现代文化理念的融合。从这个意义上说，体育文化是一种与时俱进的智慧和审美文化，也是崇尚科学的先进文化。

（三）体育文化的创新能不断满足大众的需求

创新是体育文化的不懈追求。体育文化被人们创造出来，满足人性发展的需要，从"军事体育"到"医疗体育"，从"强身健体"到"终身体育"，体育文化始终在发展中创新，不懈追求卓越，一直争当文化创新的领跑者。

创新是体育文化顺应社会发展的必然选择，体育文化的建设不仅是"大众的"，而且是"面向未来的"。

二、体育文化在构建社会主义和谐社会中的作用分析

（一）体育的公平竞争促进社会主义公平观的建立

公平、正义是和谐社会追求的目标。在发展社会主义市场经济的条件下，我们所面临的突出问题是如何更加有效地促进社会的公平和正义的问题。

体育以公平竞争道德标准为前提，以规则来约束竞赛的一切，这与和谐社会追求的公平、公正的价值取向相一致，而通过体育所表达的文化理念一目了然，更为人们所乐于接受。体育公平竞争艺术的完美演绎对社会所起的昭示作用有助于建立与市场经济要求相适应的公平观。那就是提供平等的竞争机会，获取利益达到相对的平衡，符合社会道德原则和道德精神的公平观。

"竞争是竞技体育的灵魂"，与竞争同等重要的是公平。体育文化维护公平竞争的神圣精神可谓不遗余力。

在体育竞争中，不论民族、肤色、信仰的不同，人人都站在同一起跑线上；也不论参赛者的政治、经济、文化背景的差异，每个人都有获得冠军的均等机会。竞赛完全凭借强健的体魄、智慧的头脑、机敏的反应、良好的控制力去战胜对手，获取胜利。

邓亚萍说，她要感谢体育，是体育让她获得一个公平竞争的机会。在巨人林立的国际体坛上，邓亚萍正是凭借体育公平竞争的原则脱颖而出的。

公平是公正的前提和基础，离开公平的规则就没有公正的存在。体育竞赛规则科学严谨，国际公认，执行透明，结果及时准确。竞争的公正性得到人们的普遍认同。

建立一个统一开放、竞争有序的现代经济社会，我们需要借鉴体育公平竞争这一稳定力量，以达到社会和谐的平衡点。

（二）体育文化倡导社会的诚信友爱

1. 诚信友爱是和谐社会的道德核心

一个和谐社会，必然是一个诚信友爱的社会。构建和谐社会，仅仅依靠法律和制度规范是远远不够的。在形式化法制的背后，必须借助道德的力量，而道德的核心就是诚信友爱。

2. 建设现代诚信友爱社会

（1）体育文化以诚信为本

体育文化强调"真、善、美"的统一，并以善为核心，追求道德觉悟。体育竞争激烈而残酷，如果缺少诚信，在竞争中未战就先输一招了。在竞技场上，不仅要比体力、比战术，还要比思想、比作风。任何不诚信的行为，诸如服用兴奋剂、打假球、吹黑哨等都将给公平竞争这一崇高的精神信念带来严重的危机。使竞技运动沦为低级的杂耍，低层次的娱乐消遣，诚实的体育比赛堕落为欺骗的行为，高尚的体育异化成逐利的工具，激烈的竞技场最终成为拜金的殿堂，更使竞技运动的教育价值和"更快、更高、更强"的激励口号成为讽刺，这也是和神圣的奥林匹克精神背道而驰的。

（2）体育文化"净化"社会风气

在体育领域，对于违背公平竞争的体育道德行为是从不姑息的。因为处在公众视角的体育赛事对诚信有着极高的要求，具有广泛的社会影响力，代表的是一个国家、一个民族的文化形象。

有效维护诚信，为净化社会风气做出表率，有助于培养公民道德意识，优化社会道德环境，也有助于全社会"诚信为本，操守为重"

信用文化的形成。

（3）体育文化是构建道德大厦的生力军

诚信友爱的社会不但需要法律的约束，还要道德的自律。如果说法律有强大的威慑力，发挥强制作用的话，那么道德教化就是"软约束"。它是一种特殊的行为规范，是对法律的必要补充，是法律规章不能替代的"灵魂法制"，有更广泛的适用面、更大的作用场。法治和德治，从来都是相辅相成、相互促进的。

体育文化是社会主义精神文明建设的组成部分，是社会道德的重要载体。通过体育传播社会主义思想道德和文化，有助于形成主心骨坚定、主旋律突出、主渠道畅通的社会文化风貌，为社会道德体系提供持久的精神动力支持。

在社会主义市场经济中应运而生的道德因素，如人的自主意识、竞争意识、勤奋意识、效率意识等积极的伦理精神都能借助体育这一特殊的文化起到强化作用，在构建社会主义和谐道德大厦的过程中，体育文化将扮演极为重要的角色。

诚信友爱是社会的凝聚力。一个充满诚信友爱的社会，应该是人与人之间消除隔阂、平等友爱、融洽相处、生活安定有序、充满活力的社会。

（三）体育文化促进人际关系的和谐

和谐社会的目标指向自然、社会和人的和谐发展。"人与人之间关系的和谐程度，决定着社会的质量，决定着社会发展的方向。"人际关系的和谐应该是和谐社会的主线，有了人际的和谐，其他和谐就会迎面而来。

构建和谐的人际关系，需要从多方面着手，体育文化独辟蹊径，帮助人们克服人际交往的物化影响，促进人际的和谐。

1. 体育文化营造生活情趣

"体育文化是人类栖息之处，是人类社会生活得以进行的舞台。"如果说，我国第一部体育法规《体育法》的诞生是体育文化为人们营造的"法制环境"，那么《全民健身纲要》的颁布更是为了营造和谐栖居的环境，符合我国的国情和民情，用体育架设相互交流的桥梁，维系人与人情感的纽带。

体育文化沟通人际交流，营造宽松氛围，抚慰心理失衡，增添生活情趣，是其他形式的文化望尘莫及的。由于体育文化具有开放宽松、多元共存的特点，又表现出海纳百川、兼容并包的风范，为各种文化提供交融共存的空间。不同年龄、不同性别、不同职业、不同层次的人群都能从中得到精神上的满足，找到自己的存在价值。在晨曦的锻炼队伍中，在休闲健身的人群中，人们敞开胸怀，尽情放松，人与人之间多了一份平和，少了一份抱怨；多了一份关爱，少了一份冷漠。体育活动成为人与人之间相互作用的一种重要形式，打开人际情感隔阂的钥匙，缓冲和化解矛盾的"润滑剂"，克服人际交往中的物化影响，建立起一种新型的人际关系，那就是人与人之间相互尊重、相互关心、相互协调、相互促进的和谐局面。

2. 体育文化优化生活结构

众所周知，没有物质的富足，精神生活的提高也就无从谈起。然而，当物质生活水平发展到一定水平，精神生活对物质的依赖变得间接多了。

体育文化崇尚科学和文明，有优化生活的作用。"引导人们从人的角度理解生活、摆脱生活中的愚昧和落后，走向文明和健康。"体育文化优化现代人的休闲方式，从结构和内容上改造人们的休闲活动，丰富文化精神生活。

体育文化在结构方面引导人们从实现自我的需求出发，建立起娱乐型和发展型的休闲生活，形成体能型和精神型活动、家庭和社区活动的多层次、多元化的合理结构。

体育文化在内容方面改变闲暇活动中低俗的消遣娱乐活动，提高闲暇活动的品位，把人们引向健康、科学和文明的休闲方式，投入缤纷的体育活动中。

第三章 体育文化传播研究

体育文化是人们在体育活动过程中所展现的一种特殊的文化现象，体育活动是一种社会性的活动，需要更多的人参与进来，因此具有鲜明的文化传播特征。无论是同一国家间体育文化的纵向继承，还是不同国家间不同文化的横向交流，它的这种富有生命力的跨越民族与国界的交流与融合都体现了人们的共同愿望与诉求。本章将围绕体育文化传播的相关内容展开研究，内容包括中国体育文化传播的基本问题、微时代与"一带一路"视角下的体育文化传播模式、体育文化传播与国家形象构建等。

第一节 中国体育文化传播的基本问题解读

一、跨文化传播的基础与障碍

人类传播史表明，人类在生产物质生活的同时，就开始有精神交往的需要，如远古的洞穴壁画、结绳记事等，可看作是人类早期精神交往的凭证。按照马克思的观点，人的历史是从生产物质生活本身开始的，是在人的物质联系中演进的，但由于人在物质生活的生产中同时生产着人的精神交往需要，人在物质联系中不断地产生精神联系。

因此，随着生产力的普遍发展，人的普遍交往也得以建立起来，以至于狭隘地域性的个人为世界历史性的、普遍的个人所代替。特别是工业革命后，生产力和社会分工的普遍发展带来了各民族的普遍交往，并把人们推到了这样的历史场景之中：每一个人需要的满足都依赖于整个世界，跨地域、跨文化的相互了解、相互交流有助于开放自我、开放社会，从而更好地实现人的需要的满足。今天，经济全球化迅速地消解着文化的地域性和封闭性，不仅使满世界奔走的商人扮演着"陌生人"的角色，而且让每一个浸染于现代文明的人表现出更多的跨文化特性。显然，从历史的层面上看，跨文化传播植根于人的普遍的物质交往和精神交往需要。

所谓健全的传播机制，就是在充分的信息交流的基础上形成意义的分享以及分享过程中的对抗、协商和认同。这里主要涉及对同质与异质的关系建构问题，一般来说，传播更容易发生在同质的个体间，同质传播比异质传播更有影响，个体间的有效传播导致知识、态度和行为的更大同质。但是，只能消灭个体间的差异、导致人的同质化的传播绝对是单向的、片面的传播，它最终使人接受同质化的控制。

真正来说，一个有意义的传播是在社会文化距离程度不同的个体间展开的，其意义分享的过程永远是同质与异质双向呈现的过程。在这个有意义的传播过程背后，存在着一个跨文化伦理问题，即一个具有人文价值的跨文化传播应该体现为国家、民族、文化间的互动过程，并由于这种互动，每一个国家、民族，每一种文化都打破了片面性、局限性和对抗性。同时又能保持自我的发展特性，形成相互依赖、相互尊重、相互沟通的多极化、多样化格局。这时，跨文化伦理的意义在于：尊重人的文化个性和跨文化特性，促进文化的开放，促进文化表达方式的无限可更新性和无限多样性，抗拒文化的同质化；促进文化区域间的信息分享与意义分享，抗拒文化帝国主义的权力支配体系的形成，保护文化的多元化价值体系，从而使跨文化传播体现为人的目的。

在理解了这些基础的东西后，我们可以清晰地看到，中国体育文化跨文化传播的障碍不在于个体间的空间距离和社会文化距离，也不在于个体对陌生人的陌生感，甚至不在于文化间的冲突，而在于同质化所带来的褊狭的传播机制，以及在以一种文化理解他者文化、支配他者文化的过程中所形成的同质化思维方式和生活方式，如刻板印象、偏见、歧视等。

刻板印象、偏见和歧视值得我们用作分析中国体育文化跨文化传播障碍的工具，之所以会这样，主要在于它们能帮助我们反思社会文化结构的偏向问题、文化间交流的非理性问题，认识中国体育文化跨文化传播的实质，走向更全面、自由的跨文化传播。从某种意义上说，如何克服障碍去达成积极的跨文化传播的答案，就隐含在这种积极的反思中。对群体而言，我们可以从总体性层面反思文化身份（认同）的偏向、褊狭的传播机制、倾斜的权力关系等问题，而对个体，这种反思是从日常的跨文化传播实践出发的，可以尝试以下方式。

第一，通过旅行、留学等获得寻求跨文化生存，反思自身的"文化休克"，了解其他文化的价值观并加以吸收，使自己拥有多元文化价值视野。

第二，记录自己与他文化群体的人交往的经历，反思是否做到了彼此尊重，排斥或吸引因何而产生。

第三，考察本国报纸、电视、文学、电影等媒体对其他文化群体的呈现，在哪些方面扭曲了他者形象？是什么原因形成了这种扭曲？

第四，针对跨文化团体（如跨种族家庭、社区、办公室、班级、球队等）进行调查，看文化交流成功与不成功的因素是什么？

第五，当文化冲突性事件发生的时候，观察各种文化群体的人如何参与到冲突性事件之中，有什么问题是可以避免的？

我们之所以要这样做，是因为跨文化传播的基本理论问题只有转入人的日常交往实践中，才有可能找到可能的路径。

二、中国体育文化新闻传播的现代性困境

（一）过度娱乐化，忽视报道的引导性

从传统意义上来说，体育新闻是对体育界发生的体育事件进行的报道，能向社会大众传播最新体育信息、体育文化。但随着时代的发展与社会的变革，当前体育新闻传播已经不仅局限于对体育赛事相关信息进行报道。同时，在很大程度上，体育新闻传播已经呈现出一种过度娱乐化的倾向。不可否认的是，娱乐化能够增强新闻的趣味性，提升新闻浏览率，但应当明确的一点是，娱乐化程度应当控制在一定范围之内，必须坚持新闻的真实性，避免主次颠倒的现象。但就目前来说，有相当一部分体育媒体在进行体育报道的过程中，为了提高收视率和关注度，放大娱乐因素，以致忽视了体育报道的引导性，这使我国体育报道的价值与意义大打折扣，给受众带来了不良影响。因此，

应认识到目前我国体育新闻传播过度娱乐化、忽视报道引导性的问题，采取措施进行解决，力求使我国体育报道的发展重回正常发展轨道。

（二）关注明星效应，忽视草根体育人

体育新闻传播中的明星效应往往对于提升浏览量和收视率来说具有重要的意义与作用。因此，为了在激烈的市场竞争中获得一席之地，有相当一部分体育媒体寄希望于明星效应，以聚焦体育名人、报道体育名人为手段，吸引受众的注意力。有些体育报道为了追求轰动效应，进行不切实际的新闻报道，这就使我国体育报道出现了真实性低、可信度低的问题。当前，体育媒体过度关注明星效应的同时，却严重忽视了草根体育人，使那些有真才实学的草根体育人得不到展示的机会，不利于体育文化的发展和传播。同时，体育媒体"比赛第一"的观点不断影响着受众，使体育比赛失去了原本应有的价值与意义，而沦为一场追求胜负的竞赛。

（三）重视体育竞技项目，忽视健身项目

应当明确，推动体育事业发展的初衷，是鼓励人们通过参加体育运动来提高身体素质。因此，体育媒体应当遵循这一理念，在进行体育报道的过程中引导受众通过体育运动提高身体素质。只有这样才能够真正体现体育赛事的价值、发挥体育报道的作用。但就目前来说，我国体育报道在内容设定上却呈现出重视体育竞技项目而忽视健身项目的倾向。在体育报道过程中，以报道体育赛事为主，对体育运动提高人们身体素质和增进人们感情的作用却避而不谈。

第二节　微时代下体育文化传播模式解读

一、微时代体育文化传播模式的现状

（一）微时代体育文化传播的内容

1. 竞技体育文化

很早以前，从体育独立于生产的那一刻起，竞技体育便始终是人们关注的焦点，它追求更高、更快、更强的内在动力可以极大程度上满足受众的精神需求。就竞技体育内容而言，传统模式中由于成本制约等因素限制，通常更加注重比赛信息及风气的传播，探究其深层次原因可以发现，这与竞技体育本身比赛结果不确定性、不存在必胜法则以及规则、动作、场地设施不断变化等因素息息相关。竞技体育创新模式传播的内容，不应仅仅局限于以往的圈子里，而应顺应当今社会主流文化，更多地传播其和谐价值观。

2. 群众体育文化

体育文化传播创新模式中主要呈现内容包括亚文化体育形式、新型体育产品、全民健身意识和科学健身方法，其中，传统模式对体育产品和健身意识的传播同样侧重较多，而创新模式则更加倾向于对亚文化体育形式和科学健身方法的传播。

亚文化体育形式，表现在不同国家、不同民族所特有的体育种类，在人类漫漫历史长河中，演化出无数条不同的文化发展轨迹，尽管足球、篮球、F1赛车等运动获得比较一致的欢迎，但仍不可否认各种区域体育种类所特有的文化象征意义。科学健身方法，其传播意义在于普及正确的健身知识，尤其对老年人而言，在越来越关注健康的前提下，却严重缺乏获取健身知识的渠道，以致在雾霾天跳健身舞、空腹运动、过度锻炼等错误做法广泛流行，不但无法起到提升身体素质的作用，反而对机体造成损害。因此，体育文化传播创新模式应该借助便利的社交媒体平台优势广泛传播以上新型体育形式和科学的运动方法，切实为群众改善身体素质、提高运动观念做出有益的贡献。

3. 校园体育文化

在教育越来越重要的今天，各国都在努力探索人才培养的高效模式，体育文化作为校园文化的重要组成部分，其重要性不言而喻，相比于成年人，学生群体的思维活跃度更高，接受新鲜事物的能力更强，是微时代信息传播和接收的最主要群体。学生对校园体育观和体育文化实践的需求更高，而体育文化管理和体育文化价值观是传统传播模式中重点阐述的内容。

校园体育观，通俗地讲，即大学生和教师如何看待体育。微时代校园体育文化创新模式应该注重对现代校园体育观的传播，使学生认识到体育作为一门单独科学，不仅具有强身健体的功效，更能锤炼心智、提升审美、塑造个性，从而建立起科学的校园体育观。

校园体育文化实践，主要包括体育标识设计、体育典型人物塑造、体育宣传等三个方面，微时代为实现以上目的提供了极其便利的平台。体育标识设计，可以借助计算机实现，并借助微平台传播讨论评选。体育典型人物塑造，在如今这样一个"造星"的时代，体育作为正能量理应占据一席之地。在体育宣传方面，以往打开各学校网站，寻找与体育文化相关的信息，往往只能找到寥寥数笔，然而进入微时代后，制作精良的微电影可以对校园体育文化起到极佳的宣传作用。

（二）微时代体育文化传播途径

本质上讲，工具是人类身体的延伸，帮助人类完成超越自身能力的任务，以微博、微信、微电影为典型代表的"微时代"正是这一工具的划时代变革，它们极大地提高了信息传播效率，节约了成本，同时提高了人们的主观能动性。

1. 微博

微博，是微博客的简称，它基于广大用户联系构建的平台允许信息的自由发布、传播、获取和互动。最早的微博是2006年诞生于美国的Twitter，中国新浪最早在2009年将其引入国内，并迅速普及开来。与博客相比，微博严格规定了字数限制，最初用意是方便手机用户的查阅，但在生活节奏越来越快的今天，它无形中迎合了大众的快餐文化，精简了信息量，读者可以花费最短的时间获取信息的梗概，提高了传播效率。著名的体育微博除了包括央视、新浪、腾讯各大电视台以及门户网站，更多是各领域的体育名人，如孙杨等，他们被超过百万粉丝时刻关注着，他们发布的信息如同爆炸般迅速向四面传播开来，其效率相比于传统传播模式高出千百倍。

2. 微信

微信，是继QQ之后又一款即时通信手机软件。当腾讯公司刚推出该产品时，颇受专家质疑，猜测它与QQ相近的市场定位是否能够共存，而时至今日，这一质疑早已烟消云散。通过探究其深层次的原因，可以发现，虽然存在着种种因素，但微信深度迎合用户心理，构建完整生态链的战略无疑发挥了无法比拟的巨大作用。体育文化创新模式可以充分利用微信的以上特点，在生态链的各个环节上（朋友圈、公众号、微视频等）传播信息，起到事半功倍的作用。

3. 微电影

微电影又称微视频、微视讯，它依赖网络平台广泛传播，与传统电影相比，它更加短小精悍，在几十秒至二三十分钟的时间里呈现具有一定意义的剧情短片，且题材广泛，趣味性强，极受观众喜爱。2006年，世界上最早的微电影网站YouTube获得《时代》杂志评选的"年度最佳创新奖"。从此，该模式被世界各国纷纷借鉴，中国的优酷、土豆等都是典型代表，而体育板块同样占据了重要一席，如优酷网体育板块，可见其不仅包含传统足球、篮球板块，更有与百姓息息相关的体育课、广场舞、自频道等，内容极其丰富，可以满足不同人群需求。

二、微时代体育文化传播模式的局限性

（一）快餐特性导致缺少文化底蕴

随着当前人们社会生活水平和质量的提高，广大人民群众对精神生活的需求不断提高，体育健身的传播消息也不断增多。体育成为人们交往中共通的一种语言，奥运会、世界杯等大型赛事，则成为全球共同的节日盛典。互联网在全世界的普及速度加快，体育文化传播的

途径也极为丰富，有报纸、电视、广播、互联网、自媒体等，传播的速度惊人。体育文化凭借着其独有的文化魅力，传播到世界每一位喜欢体育人的脑海中。但是当前体育文化的传播需要创新内容和模式，特别是当前体育文化的传播内容缺少文化底蕴。主要表现在体育文化传播缺少人本思想的继承和传承。人本思想可以追溯到孔孟时期，中国传统文化的精髓内容为"仁者爱人，民为贵，君为轻，社稷次之"。然而在当前的体育新闻报道和体育文化传播过程中，报道的内容体现出是否能够吸引观众的眼球，提高点击率，将体育报道内容的影响作为参考目标，将敏感话题作为体育文化传播利益的驱动。究其原因就是人本思想的缺失，体育文化的传播还需要体现出更多的关爱与尊重。体育文化在传播的过程中，同样需要去其糟粕、取其精华，用体育的魅力展现体育文化更多的价值和功能属性。

（二）体育文化主题传播不够鲜明

体育文化的传播是一种良性的、完整的、可持续的和真实性较高的，随着全世界互联网的飞速发展，当前体育文化传播的主题弱化、不明显，出现题目为了吸引观众的眼球起得"引人入胜"，但是实际内容同主题几乎没有丝毫关系的怪圈。这种体育文化传播的方式虽然能够吸引很多体育爱好者，但是误解了体育文化本身拥有的文化本质和文化内涵。

传播体育文化的信息主题和内容的关联度不高，体育文化传播的内容与主题关联并不贴切，信息关联度是指信息与信息之间通过信息属性及类别而形成的互相关联、互为存在前提条件的内在联系。当前关于体育的报道中关于体育健身和运动训练等健康知识相对较少，更多的是报道体育明星的私生活和体育暴力等内容。可见，当前体育文化传播的主题弱化不明显，需要国家体育有关部门对体育文化传播市场进行监督和管理，重视体育文化传播的主题，提高体育文化主题和内容的关联度，让体育文化传播能够在不断拓宽运行轨迹的同时，通过深化主题，来吸引广大体育爱好者的眼球和注意力。

三、微时代体育文化传播的策略

（一）重视人性与文化的完美结合

中国特色社会主义发展道路非常注重人的发展，"以人为本"是社会发展的核心理念，在体育文化传播过程中，要贯彻把"以人为本"的理念融入体育报道和体育文化传播的内容中去，指引未来体育文化的科学发展方向。中国拥有上下五千年的优秀文化精髓，体育文化在传播和发展过程中更多注重优秀文化的继承和传承，达到实现人的全面发展的目的。

因此，创新体育文化传播模式首先要重视人性与文化的完美结合。在宏观的社会发展背景下，体育文化的传播要体现人文精神，以人为新闻报道的中心，将人文精神、人文关怀、体育文化体验、体育科学、体育赛事等在体育文化传播过程中设立不同的板块，体育文化传播要体现对人的尊重，在传播的过程中加强优秀文化的底蕴；在互联网时代，要积极引导大众拥有健康的体育情操，这就更加需要将人性与文化完美结合来创新体育文化传播的发展模式。

（二）整合各种体育文化传播途径

如今体育文化传播的途径多种多样，包括各类体育组织、体育大众传媒等，但是体育文化的传播形式和内容大相径庭，创新体育文化的传播模式，需要整合体育文化的传播途径和资源，促进体育文化的和谐发展。对体育文化的传播模式进行整合，将体育文化传播收益提高到最大化，节约人力、物力和财力，同时可以促进体育传播组织和传媒进行有效的沟通；建立体育文化传播部门协会，协会定期组织体育新闻记者进行学习，并举办交流会；对当前体育界表现出的体育热点问题和最受关注的体育实践进行系列的报道，分享成功的案例，对优秀宣传体育文化的成功案例进行奖励；让每个传播体育文化的单位和机构都有其传播的特长和特点，避免媒体之间出现恶意竞争的现象；在市场经济的背景下，建立的体育文化传播协会要设立科学的管理办法，将具有可操作性的管理模式应用到体育文化传播当中去，为体育文化传播的健康发展保驾护航。

（三）兼顾专业与大众的文化特性

针对在体育文化传播过程中体育新闻记者为了获取更多受众人群，出现新闻报道内容过分迎合的现象，就需要创新体育文化的传播模式，兼顾专业与大众的文化特性。对体育文化的传播内容不全是对体育比赛和竞赛进行宣传和报道，同时也要有体育健身项目的报道，针对不同人群和不同年龄段运动健身的注意事项等领域，积极引导和教育大众树立终身体育锻炼的意识；在对体育赛事进行转播的过程中，融入更多的体育理论知识，让受众了解、掌握并积极地储备，将体育专业知识同大众的体育文化需求完美地融合在一起,让体育文化传播体现出文化性、知识性、趣味性和娱乐性,同时又不乏拥有专业理论的特点。

在体育文化传播过程中,针对传播报道的对象,更多地融入时事政治、国际体坛方针、道德文化等因素,充分挖掘体育文化的传播魅力,提升体育文化传播的品位,树立中国自己的体育文化品牌,积极为受众群体传递正能量,将中国的优秀的传统文化理念展现得淋漓尽致。

(四)健全体育文化传播监管机制

当前体育文化市场缺乏科学合理的监督、管理、评价和惩罚机制,相关体育部门针对当前体育文化市场出现的新闻报道失真等现象,要规范体育文化市场的报道内容,对体育文化的报道内容以"真实、健康和规范"为准绳,体育新闻记者要提高自己的职业道德,重视自己的职业修养,对体育文化价值的判断要科学和专业,杜绝体育新闻出现失真报道和助长体育文化传播的不正风气。体育文化传播的单位要设立相关的资质,建立科学的体育文化传播的监管机制,并定期对这些单位进行科学评估。对发布的体育新闻的真实性要进行核实和打分,建立群众监督和政府监督双模式,建立起体育文化传播同受众之间的桥梁,受众可以给体育新闻进行评分和评价,在体育文化建设过程中更多地体现出百姓的声音,借助群众的力量来规范体育文化传播市场和渠道;同时,聘请体育文化的专家对体育文化传播的机制贡献力量。对不合格的体育文化传播单位进行限期整改,限期仍无整改的,取消其体育文化传播的相关资质。

第三节 "一带一路"背景下的体育文化的传播解读

一、"一带一路"背景下我国体育文化传播的原则

(一)合作与开放相结合

开放性原则与封闭性是相对的,是指具有开放性质的传播形式,是改变传统的文化单向传播方式,在共同交往、相互尊重、互惠互赢的基础上进行双向互动的文化传播。提出文化传播的合作与开放相结合原则,不仅是对我国对外开放这一基本国策的积极贯彻,同时也是顺应世界多极化、经济全球化、文化多样化、社会信息化这一潮流的必然趋势,更是开展更高水平、更大范围、更深层次区域合作必须遵循的前提条件。

(二)传承与创新相结合

顺应求和平、谋发展、促合作的共同追求,"一带一路"新倡议也被赋予了新的丰富内涵和深远意义,传统文化的传承与现代文化的创新迎来了难得的发展机遇。中国传统文化是中华民族在中国古代社会中形成和发展起来的比较稳定的文化形态,是中华民族智慧的结晶,是中华民族的历史遗产在现实生活中的展现。中国有着五千年的文明史,传统文化源远流长、博大精深,对于几千年来维系中华民族精华之源泉,面临着经济、文化大潮冲击的严重危机,尤其是在"一带一路"新一轮的对外开放过程中,传承中华优秀传统文化的精髓是我们

义不容辞的责任。

但是，任何文化在形成的过程中必然具有一定的局限性，从来都是精华与糟粕并存的，保护与传承中华传统文化的过程从本质上来说是一种扬弃，是一个取其精华、去其糟粕的过程。因此，在传播的过程中就要做到传承与创新相结合，适应时代发展是具体的，我国的民族传统体育文化只有从社会经济发展中审视定位，从文化受众需求中探寻方向，从现实生活中汲取养分，从现代精神中激活情感，从文化碰撞中开拓新意，从科学技术手段中丰富形式，才能生生不息、绵延不绝。

（三）传统与现代相结合

正是因为不同历史和国情，不同民族和习俗的存在，才孕育出了不同文明，这就使得文化之间只有特色、地域之别，没有高低、优劣之分。因此，文明差异不应该成为世界冲突的根源，而应该成为人类文明进步的动力。文化差异性虽然是不同文化之间交流的障碍，但正是因为这种差异性的存在才为不同文化之间的互学互鉴提供了资源。

西方体育文化重视对人体外形的塑造，中国传统体育文化则注重身心和谐发展，两种文化理念虽不相融合，却是彼此的重要补充。西方体育文化在国际上已占据主导地位，它的价值理念、竞争机制、传播方式等都是中国传统体育文化应该学习的地方，而中国传统体育文化中的"天人合一""养生"等思想也是对西方体育文化缺失性补充。只有坚持我国传统体育文化与西方现代体育文化相结合的原则，才能真正实现"各美其美，美人之美，美美与共，天下大同"的和谐世界。

（四）共建与共享相结合

"共建"是"共享"的前提，"共享"是"共建"的目的。所谓共建与共享相结合是指传播结果由参与合作互动的国家共同创造、共同享受，而不是因为谁付出了较大功夫就把成果据为己有。

可持续发展的要求与共建、共享相结合的原则是相辅相成、相互促进的，只有坚持共建与共享才能促进我国体育文化在世界范围内的可持续传播，而倡导可持续发展的传播理念又为世界体育文化的共建与共享提供坚实的保障作用。因此，要兼顾各个国家的利益，充分发挥各国的优势，寻求最大的合作公约数，为国际提供更多的公共服务产品，在"共建"的基础上实现文化成果的"共享"。只有在"共建"中实现"共享"，把"共享"作为体育文化发展的着眼点和落脚点，才能真正实现有效的传播。

二、"一带一路"背景下我国体育文化传播的目标

（一）近期目标

实现我国体育文化的有效传播。所谓有效传播，就是发挥中国体育文化的功能，展现中国体育文化的魅力，传播中国体育文化价值观的核心理念，实现政府、企业、组织、个人传播的通力合作，打造线上与线下共同传播的模式，使我国体育文化能得到受众的广泛认同，切实提高我国在国际上的话语权。

（二）中期目标

建设体育文化产业园，打造中国体育文化品牌，搭建中外体育文化交流的长效机制。文化在对外传播与交流的过程中，要实现的不仅是物质内容、思想内容、服务、产品的"走出去"，要想使文化的扩散力更大、根基扎得更牢固，就要建立一套完整的产业链。只有这样，我国体育文化才能在国际上的任何地方落地生根。体育文化产业园的建立，可以促进当地体育文化产业的发展，为体育锻炼、休闲娱乐提供更多的设备、器材及相关服务，从而带来更长远的利益。

（三）远期目标

实现经济利益的多边共赢，促进体育文化产业成为中外经济发展的支柱产业，提升沿线各国人民体育消费水平。文化传承与创新是各国经济贸易合作的"软支撑"，文化交流、文化贸易及文化创意是经济发展的重要资源，也是社会发展的内生动力。通过文化交流推进对"一带一路"的文化价值认同，通过文化贸易促进各国经济文化的发展。体育文化因产业园的建立而得到了更好的传播，而体育文化产业园的建立同时也为促进地方经济的增长创造了条件。体育文化产业园具有拉动经济增长、优化产业结构、增加就业、提高物质生活水平的作用，同时也能强有力地带动旅游业、娱乐业、医疗业、服务业、教育业、新闻传播业等第二、三产业的发展。各大产业的发展不仅为我国带来了收益，最大的受益者一定是当地的人民，人民的满意不仅可以深化"一带一路"中"民心相通"的成果，同时也为实现"贸易畅通""资金联通"创造了条件。

三、"一带一路"背景下我国体育文化传播的模式

(一)以政府为主体的传播模式

1. 传播特征

政府在传播过程中具有传播者和控制者的双重身份。在所有种类的传播主体中,以政府为主体的传播模式具有的权威性最强,因为政府是我国的权力机关,政府的一切意愿和工作都是国家意志的集中体现,也正是因为其具有的特殊地位,使得在对外传播中,它始终是主导性的传播者,即所谓"强势主体";作为传播行为的控制者,这是政府超越其他传播主体的传播特征,政府可以通过制定法律法规,对传播媒介进行管制、监督与协调,也可以通过信息手段引导媒体以形成控制。在相当长的一段时间里,政府在信息传播中发挥的作用几乎无人可以超越,因为它所代表的是整个国家,也正是由于在对外传播中长期由政府主导,与国家主权、国家利益密切相关,它带有强烈的政治色彩。

2. 传播影响力

由于每个主体的传播方式不同,从而产生的影响力也是有差异的。在这四种传播主体中,因政府具有强势主体的特殊性传播特征,使其最具影响力。因为它所传播的信息可以在一个国家、一个地区甚至整个世界形成一致性的关注,并形成统一的舆论、统一的意志、统一的行为,对文化的传播起到巨大的推动作用。

3. 传播方式

以政府为主体的传播模式是一种大部署、大规划的全方位"作战"方式，主要有综合性文化活动、文化艺术团访问演出、设立海外文化中心、文化展览、文化论坛、对外贸易基地等。

（1）综合性文化活动。文化年、文化月、文化周、文化节等都是综合性的文化活动。中国文化年已经成为我国文化走向世界各地的最直接方式，不仅实现了文化的交流和传播，同时也促进了政治、经济、外交等方面的协调发展。在中国政府大力推行中国文化年的同时，各地区也在积极推行与之相配套的文化月、文化周、文化节等活动，将地方文化、民间文化通过政府间的合作与海外华人华侨的力量影响至海外受众。

（2）文化艺术团访问演出。文化团体访问演出具有普及性、艺术性、直观性、简便性等特点，能够在最短的时间内让受众了解并感受到本国文化的魅力，从而消除隔阂，拉近心理距离。

（3）国外举办展览。国外展览一般都是大型的、综合性的文化展览活动，展览的内容主要包括文化、书籍、画作、艺术作品等。

（4）文化论坛。文化论坛一般都是由文化界、知识界的专家学者和某专业的精英群体组成的高端传播方式，通过文化论坛可以实现中外高层交流文化传播中的问题与意见，从而达成共识促成具体传播方式的进行。

（5）海外中国文化中心。自2002年以来，中国在欧洲、亚洲、非洲、大洋洲、拉丁美洲相继设立了中国文化中心。到2020年中国将在海外设立中国文化中心超过50个。海外文化中心通过举办主体展览、图书节、学术讲座、研讨会、旅游推介会、体育赛事、产品展示会等形式进行,有利于丰富驻在国人民对中国文化的认知,增进对中国文化作品、社会现象及价值观的了解、理解和认同。

(6)设立对外文化贸易基地。对外文化贸易基地的建立有利于实现我国文化产品、服务走向世界各地,是我国文化传播的"试验田",起着创新示范区的领头带动作用。目前已在上海、北京、天津、西安等地设立了对外文化贸易基地,而这些文化贸易基地进行文化交流以及发展文化产业的主要方式是进出口贸易、品牌企业聚集、产品展览、人才培训等。

(二)以企业为主体的传播模式

1. 传播特征

企业是以盈利为目的的社会组织,受经济利益的驱动,在做好国内市场的前提下,必然要开辟国际市场,向外输出自己的产品、服务或技术。以企业为主体的传播模式,是四种模式中最具有商业性质的传播行为,主要通过广告宣传的方式来推销自己的产品、服务和以公关宣传的形式来树立本企业的品牌形象。

2. 传播影响力

企业作为主体传播的特征使得其在经济上的影响力巨大,因为它在获得经济利益的同时也为当地经济发展做出了相当大的贡献。各国也会在首先考虑经济效益的前提下与我国企业进行合作,从而加速我国文化传播的进程。

3. 传播方式

企业层面的文化传播极大地丰富和拓宽了我国文化走出去的内容和途径，随着企业在市场经济中的不断发展壮大，已经成为我国文化产业发展的坚实力量，不仅推动了国内、国外文化产业的发展，而且加速了国内文化产业与国外市场的有效衔接。企业的对外文化传播形式主要包括输出文化产品、提供对外文化服务、跨国投资等。

（1）输出文化商品。中国文化商品的输出主要是非跨国企业的文化传播方式，文化产品主要包括图书、音像材料、影视作品、文学作品等反映中国优秀文化的各种艺术品，以借助文化商品所搭载的中国文化符号和文化内涵是实现文化理念、价值观传播的重要途径。

（2）提供对外文化服务。提供对外文化服务既是政府层面的文化传播方式，同样也是文化企业进行文化走出去的主要途径之一。提供服务的形式主要有表演、展览、培训、咨询等。

（3）跨国投资。跨国投资是跨国企业的文化传播方式，既可以通过直接在国外投资建厂发展文化产业，也可以通过在国外培育文化中介组织，使其成为国内外沟通、联系、整合资源的涉外桥梁。

（三）以社会组织为主体的传播模式

1. 传播特征

社会组织，泛指政府和企业以外的，不以营利为目的的组织机构和团体。以社会组织作为主体的传播模式，相较于政府和企业的传播模式，具有以下几个特点：

第一，传播类型的多样性。社会组织数量众多、组织形态多样，从而决定了传播类型的多样性。具体来说，政府相关管理部门的传播更多地带有政治传播的特性，经济性团体的传播更多地带有经济传播的特性，文化团体的传播更多地带有文化传播的特性，各种专业、行业性团体的传播则更多地带有不同专业传播和类型传播的特性。每种类型的组织传播在具有社会组织传播的一般属性的同时也带有自己个性的传播特征与规律，从而造就了对外传播内容和形态的丰富化，使它呈现出多样化的特征。

第二，传播主体的多层次性。社会组织是多层次的，其中既有全球性的团体或组织、跨国界的团体或组织，也有一国之内的团体或组织。国内的团体或组织还可以分为国家性的、地区性的及城市和农村的。

第三，具有一定的国家色彩。社会组织虽然带有"非政府""非官方"的性质，但从总体上来看，其与政府之间的互动关系还是十分明显的。社会组织是为了弥补政府资源的不足，在政府未能开展活动的领域内提供物品和服务，在这个过程中也离不开政府在资金、技术等方面给予的支持与帮助。因此，社会组织的传播活动都是在国家的框架之内进行的并受到国家严格的监督和管理。

2. 传播影响力

相较于一些小型的、国内的社会体育组织而言，大型的全球性、区域性的社会组织或团体，在世界范围内能产生相当大的影响力。

3. 传播方式

在当今的国际形势下，以政府为主体的传播模式固然重要，但是非政府性的社会组织的作用也是毋庸置疑的，具有力量宏大、群众基础雄厚、组织类型多样等优势，以社会组织为主体的传播模式主要有海外表演、创办组织（协会）、教育培训等形式。

（1）海外表演。为了消除海外表演团队人力有限、时间较短等传统海外表演的传播方式的弊端，可以借助大众传媒和新媒体的特点整合纸媒、网络、电视等多种传播媒介传播相关的文化电影、比赛、运动项目教学、健身方案等多种信息表现形式，真正实现中国优秀文化即时与延时的影响力。

（2）创办组织、协会。由于社会组织的意识形态和政府行为较弱，不太容易引起受众者的反感，因此在海外国家创办组织、协会已成为我国社会组织进行文化传播的主要方式，主要通过设立对外文化交流协会、设立单项运动组织、单项运动协会、开办武馆、精武体育会等形式进行。

（3）教育培训。教育培训不仅有利于提高社会组织的文化传播责任感，同时也有利于受众国地区教育事业的发展。教育培训的形式主要有兴办学校、兴建学校图书馆、建立基金会、提供奖学金、添置图书资料等。

第四节 体育文化传播构建国家形象

一、体育文化传播与国家形象构建的关系与耦合

（一）体育文化传播与国家形象构建的关系

国家形象包括国内形象和国际形象，国内形象是人们对国内多元文化的主观感受，其内容包含国内政治文化、经济文化及地域文化。国际形象是人们对国家整体文化的主观感受，其内容主要包括国家理念文化、国家行为文化及国家视觉文化三方面。国家形象是国家政治、经济、文化、军事、教育、外交等领域的综合体现。

体育文化在其发展与传播过程中，与其他文化领域相互交融，形成了多元的文化领域，如体育舞蹈、体育新闻等，这些都是体育文化与其他文化互动融合的结果。体育文化在与其他文化互动交融的过程中，构成了国家整体文化的重要组成部分，也构成了国家整体文化的特征，这些特征在一定程度上通过人们的主观感受，逐渐构成了国家形象的重要组成部分。

目前，一个国家综合竞争力的强弱主要根据11项指标进行评定，国家经济发展的好坏并不是综合竞争力的唯一体现，必须统合国家各个方面发展的均衡性，文化作为人类社会发展的核心竞争力，是国家综合竞争力的重要评定指标。体育文化作为文化的重要组成部分，其发展已经具有先进文化的本质特征，积极发展体育文化已经成为提高国家体育文化品位的重要手段，也直接影响着国家形象。

（二）体育文化传播与国家形象构建的耦合

1. 国家形象建构需要体育文化

2011年1月17日在纽约时报广场播放的国家形象宣传片的《人物篇》中，涵盖了中国各行各业的名人与精英，体育界的人物也是其重要组成部分，诸如郎平、郭晶晶、丁俊晖、姚明、邓亚萍等依次亮相，向全世界传达了积极的信号与声音，为全方位、立体性地展示中国做出了积极的贡献，同时也表明了国家公关时代的到来。之所以选择体育界名人参与国家形象建构，是因为体育活动具有表演性、展示性的特点，而在体育表演、展示的过程中可以即时、真实、生动地传递国人的精神面貌。随着社会的不断发展，体育文化传播也逐渐发生着变化，其传播系统也逐渐走向完善。

目前，体育文化的传播载体已经逐渐多元化，体育赛事、运动品牌、体育明星、全民健身等有形、无形的交往符号已经成为国家形象建构的有力推手。在国家形象的构建中，体育文化传播的文化形态必不可少，它与国家形象相互影响、相互关联，没有体育文化传播的参与，国家形象将是残缺不全的。

2. 体育文化传播可以有效促进国家形象建构

体育文化传播对国家形象建构的价值和作用是不可忽视的。人类的健全发展离不开德、智、体、美、劳的共同作用，而智力和体力又是塑造合格劳动者的重要条件，也是提高社会生产力的关键环节。因此，国家目前较为重视人们体育价值观的塑造和体育意识的培养，希望为社会经济的整体发展注入新的活力。

随着社会的不断发展，体育文化产业逐渐形成，这为社会经济的发展注入了活力，成为国家经济发展的亮点。在体育文化产业不断完善的过程中，体育文化传播也逐渐得以发展、完善。在国家文化建设过程中，体育文化对人们的自信心、自豪感和民族、国家凝聚力的提升具有得天独厚的作用，20世纪70年代"乒乓球外交"为发展中美关系翻开了崭新的一页，中国女排"五连冠"所创造的辉煌为国家经济建设、社会发展带来了强大的自信，民族凝聚力空前高涨。

毋庸置疑的是，体育在思想、心理、感情等方面均有效地增强了国民的归属感、认同感和幸福指数，让中华文化真正达到"内化于心、外化于形、固化于制、承载于物"，从而为社会的安定、和谐、发展创造了良好的外部环境，为国家形象的建立提供了良好的氛围，为改革开放和现代化建设做出了应有的贡献。在国际交往中，体育文化传播同样可以提升国家的美誉度、影响力、话语权，宣传国家形象，传播中国文化，体育文化传播在国家形象的构建中，不仅扩展了体育文化的影响与认知，也促进了国家形象的宣传与推广，成为国家形象构建的重要推动力。

二、体育文化传播与国家形象的构建策略

（一）发挥传媒优势，构建国家形象

对内而言，国家形象是生活在这一地域的人们对国家的主观印象和感受；对外而言，国家形象是人们对国家综合国力的总体评价。在国家形象形成的过程中，国家经济发展、社会环境、国际交往等事件

均离不开大众传媒的报道，而对国家的历史成见或者心理定式也离不开大众传媒，因此，大众传媒在一定程度上影响着国家形象的构建。

大众传媒作为体育文化传播的主要载体，不但左右着人们的体育意识、影响着人们的体育行为，同时在一定程度上影响着人们对国家形象的感受和认知。2008年北京奥运会开幕式时，全球大约有20亿人共同欣赏了这一文化盛宴，这超过全世界人口的1/3。北京奥运会的成功举办让北京成为举世瞩目的焦点，北京的一举一动都通过传媒即时向外发布。而传媒对即时性的内在要求使得信息可以在全球不同国家同步、实时、快速地进行传播，人们可以方便、快捷地了解自己关注的信息，进而增强人们对中国的认识，从而构建良好的国家形象。

（二）举办大型国际赛事，提升国家形象

社会大事件往往能引起人们的广泛关注，产生一定的社会效应。积极有效地利用大型社会事件可以提升国家声誉、树立国家形象，而大型体育赛事的成功申办、举办便是典型的大型社会事件，历届世界杯、奥运会的申办、举办便是明证。2008年北京奥运会期间，中国共接待了全球80多位政要，68个国家（地区）的新闻媒体参与了这一全球盛会，其机构达到300家，人数总计将近6000人，游客人数达到38.2万人次。这让北京成为全球的媒体之都、旅游之都、外交之都。人们对北京的认识逐渐加深，同时也逐渐改变了以往对中国的看法，使人们对中国的认知度逐步提升。相关资料显示，北京奥运会的成功举办，使人们对中国的认知度由以往的57%提升到了79%。由此可见，大型体育赛事对提升国家形象的作用不可忽视。

体育文化传播要符合国家形象的定位。在体育文化的传播过程中，要充分利用国内各城市的资源优势，举办相关大型国际赛事，使全球各个国家能够充分了解、认识，从而客观、真实地传播国家形象。我国首都北京为了向世界城市目标靠近，倾力打造了一系列大型体育赛事，如中国网球公开赛、北京国际网球挑战赛、北京国际城市马拉松黄金赛、斯诺克中国公开赛等，以期将北京打造成国际化体育中心城市。这些大型国际体育赛事的举办，为全球了解北京奠定了坚实的基础，并塑造了良好的体育氛围，为构建国家形象奠定了坚实的基础。上海是我国的经济中心，其凭借强大的经济实力，目前已经形成了诸如F1中国大奖赛、上海大师杯网球赛、上海国际田径黄金大奖赛、斯诺克大师杯赛、上海国际马拉松赛、汇丰高尔夫冠军赛等六大精品赛事。上述大型赛事的成功举办使得上海成为众多赛事的焦点，也在一定程度上提升了中国的国家形象。

（三）大力发展体育文化产业，助推国家形象构建

体育产业为社会提供了丰富的物质产品和精神产品，除此之外，随着人们健身意识和消费能力的增强，和体育密切相关的第三产业如雨后春笋般涌现，如体育表演、体育健身、体育旅游、体育休闲等。这些体育文化产业在其发展过程中，对促进经济发展、完善国家形象均具有举足轻重的作用。享有"国家体育产业基地""中国鞋都""中国品牌之都"的福建晋江是我国体育用品制造业的"领头羊"，部分体育品牌已经在国内外具有一定的影响力。在晋江，体育用品产业已经成为晋江经济及城市发展的重要支柱产业，使晋江在国内的形象得

到逐步提升。这些品牌在国内目前已经成为知名品牌，部分品牌已经开始走出国门，走向世界市场。诸多国家民众已经开始熟悉中国的体育产品，并由此对我国的国家形象有了新的认识。

（四）创建具有代表性的体育文化品牌，增强国家形象

体育文化品牌建设应根据国家特有的地理环境和人文精神，在国家形象定位的基础上，以国家经济实力为支撑，制定出既符合国家形象建构需要，又符合体育文化可持续发展的动态战略。体育文化品牌要从国家的实际情况出发，突出个性，形成一定的品牌关注度和吸引力。

我国应在一定程度上加大体育文化品牌建设，使我国体育文化品牌形成一定的竞争力，能够逐渐走出国门，走向世界，在国际舞台上有一席之地，使全球各国通过体育文化品牌了解中国、认识中国，使国家形象能够更加完美。

第四章　高校体育文化的传承与发展

作为有着五千年历史的文明古国，中国的文化遗产资源异常丰富。幅员辽阔的国土上不仅遗存着许许多多有形的物质文化遗产，同时还拥有大量无形的非物质文化遗产。但是，随着全球化和现代化进程加快，人们的生活方式受到了前所未有的冲击，蕴含民族精神家园的非物质文化遗产已经消亡或正在从现代人的生活中消失。如何保持和弘扬独立的民族精神、保护和发展非物质文化遗产已成为必然的文化诉求。

第一节　高校体育文化概述

一、校园体育文化的定义

（一）校园体育文化的概念

校园体育文化是由校园文化和体育文化两者相互影响、融合、渗透、促进发展起来的，是在一定社会政治、经济、文化、教育、体育等条件依托下，由学校广大师生在实践过程中共同创造的体育精神和财富的总和。校园体育文化有着深刻的内涵和丰富的外延，首先，它与校园德育、智育、美育文化等一起构成了校园文化群；其次，它又与竞技体育、群众体育等共同组成了广大的体育文化群。从广义上讲，校园体育文化是学校广大师生员工在学校现存的环境中，在学校体育教育、学习和活动等过程中创造出来的物质与精神的所有内容。从狭义上说，校园体育文化是指在学校教学环境下，以学生为主体、教师为主导，在各种体育活动中相互作用创造出来的学校文化形态之一，包括体育精神、体育的价值观念、体育道德和体育能力，是学校这一特殊社区的体育群体意识。学校体育文化是一个内涵广泛、系统开放的文化形式。这个系统大致可以分为三个层面：第一层是精神层面，居于主导地位，其中体育健康价值观是学校体育文化的本质和核心，决定了它的目标；第二层是制度、方法层面，这个层面既是学校体育的组织形式，也是学校体育意识的体现，包括体育教学、课余体育活动、体育科学研究、体育竞赛、体育协会、体育交流等全方位制度、方法的确立；第三层是物质层面，是学校体育文化的基础，也是客观物质保障，包括校园的体育建筑、环境、场地、器材、用品和师资队伍等。以上三个层面在学校体育文化建设过程中，应当在"以人为本"的基础上获得协调发展。

（二）校园体育文化功能

1.教育熏陶，促进身心全面发展

文化环境是一个使人不断地接受新文化滋养、熏陶、装备的园地。校园体育文化是存在于学校这一特定环境中的体育文化形态。学校的体育教师，是拥有专门体育知识的人才，人类创造的体育文化以系统的知识形态经教师的传授，给学生以滋养，使他们掌握体育知识，认识体育的价值,逐渐地成熟起来。从个人的角度看,文化首先是作为一种生活环境而先于个人存在的,人受其影响得到发展,通过从文化环境中吸取营养,潜移默化,接受熏陶,促使人从"自然"到"文化",从"现实"到"理想"的实现。

2. 强身愉情,增进人们身心健康

"健康应是在精神上、身体上及社会上保持健全的状态",世界卫生组织对健康的定义提出了现代健康的新概念,阐明了人的健康应包括身体和精神两个方面。身体健康包括良好的发育、正常的生理机能及承担负荷的适宜反应。校园体育文化中的行为文化是以身体运动为基本的表现形式,由它所构成的体育锻炼过程,给予人体各器官系统一定的强度和量的刺激,使机体在形态结构、生理机能等方面发生一系列适应性反应,从而对机体产生积极的影响并能有效地促进人们的身体健康。校园体育文化中的意识、行为、物质三个文化部分均能有助于人们的心理调节,满足师生员工对精神文化生活的需要。通过各种体育手段和方法,可以锻炼意志品质,催人奋发进取,培养集体观念,加强组织纪律,协调人际关系,消除精神烦恼,给人带来欢愉,使人身心得到和谐、健康的发展。

二、校园体育文化的意义

校园文化是学校组织在教育管理过程中营造的具有各自特色的文化意识,包括学校的发展目标、价值观念、风格特点、传统习惯和规章制度等在内的有机整体。在校园文化建设中,从多元化入手,立足

于现实建设，着眼于长远发展，开展校园体育活动，使校园文化建设活动寓乐、美、学、文于一切健康有益的社会活动之中。用现代体育思想促进校园文化建设，以健全的组织文化构建凝聚群体意志和力量的团队精神，这对组织成员的创造力、凝聚力、组织效率的提高及组织目标的实现有着广泛深刻的影响和积极作用。

（一）校园文化的特点

1. 校园文化的整体性特点

就体育文化而言，它不是对单一的文化活动的展开和描述，而是以深邃的大学传统为底蕴、先进的大学精神为理想，通过校风、学风等校园精神层面弥漫在每一个学生心中的群体文化。在高校任何一种校园文化传播中，从精神理念的设计到具体部门的实施，都需要教学、科研、管理、后勤等各部门的密切配合、群体协调。

2. 校园文化的实践性特点

校园文化既是一种文化理想，又是一个实践过程。不管是从学校层面、管理层面、教师教育层面还是学生层面，都存在继承、发扬、修正、完善的过程，也称为一个系统工程。体育文化的凝聚和形成同样需要有针对性的工作部署与实践活动来实践、传播、运用、灌输与推广。

3. 校园文化的主体性特点

校园文化的主体是指与客体对象相对应的校园文化建设的承担者、执行者和受益者，包括学生、教师、管理人员等全部的校园人。课堂教学、学术论坛、社团组织的各类活动、媒介宣传引导、各类竞赛活动等，都需要学校教师、学生的主观能动意识得以充分发挥，共同建设美好精神家园。

（二）校园体育文化在校园文化建设中的作用

体育运动是体育文化发展的载体，也是一种社会文化需要。作为一种文化现象，体育有很强的教育功能，在校园文化建设中具有不可替代的特殊作用。

1. 高校体育具有教育效能，在校园文化建设中育德于乐

具有思想性、学习性的体育活动是校园文化中一种无形的精神力量，能在体育活动和体育锻炼的过程中培养人、教育人、改造人，从而潜移默化地熏陶、感染每一个校园人；也加速校园人在政治素质、价值取向、知识技能、人格心理等方面的社会化进程，使学生在不同程度上产生完善自我、发展自我的心理需要，有效抑制与大学生要求不相符合的思想和行为。高校体育文化以其广泛的群众基础、突出的德育功能，提高了校园人热爱美、鉴赏美和表达美的能力，使高校形成具有鲜明特点的校园文化。

2. 高校体育具有凝聚效能，在校园文化建设中寓教于乐

青年学生是祖国的栋梁，必须引导青年学生努力拼搏、刻苦成才，发挥凝聚力和战斗堡垒作用。体育活动中的竞技运动正好突显了为集体拼搏的竞争精神，是沟通感情的"桥梁"，是增进友谊的"纽带"，是凝聚人心、增进团结的"法宝"。实践证明，高校体育作为校园文化的一部分，激发人们产生认同感、使命感、自豪感和归属感，合成巨大的内聚力，将个体目标整合为学校的总体目标。

3. 高校体育具有激励效能，在校园文化建设中励志于乐

开展积极向上的体育活动能够强有力地调动校园人的积极性、主动性和创造性，从而产生一种巨大的鼓舞人心的精神力量，形成学校活力。校园文化工作离开了体育工作就缺乏应有的生机和活力。我们在抓好教学与科研的同时，要注重以有效的体育活动相配合，鼓舞斗志，培养集体荣誉感。

4. 高校体育具有传播导向效能，在校园文化建设中获智于乐

学生在运动场中最容易传递真情实感，最容易赢得同场竞技者的喜爱和尊重，也最容易得到战友般的信任，并在"是对手更是朋友"的轻松氛围中建立新友谊。在运动中，校园人能学到如何尊重自己和他人，如何实现合作，如何把握适度忍让和情感表达，"学会做人、学会学习、学会做事"，表明高校体育具有传播导向效能。高校体育活动能陶冶、感染、规范学生，为个体行为提供价值参考，使个体自觉地把组织目标视为自己的行为目标。

（三）发展校园体育文化应该采取的措施

1. 要树立科学的校园体育文化观

校园体育文化观是个人或社会对体育存在的意义和价值的认识或看法，可以说，校园体育文化观念的方向决定了校园体育文化的发展方向。校园体育文化的参与者应具备如下校园体育文化观：校园体育文化是学校文化的重要组成部分，体育锻炼是科学、文明、健康的生活方式，应成为学校师生生活中不可缺少的内容。师生生活中不能缺

少体育，娱乐中离不开体育，健美中更需要体育，体育是竞争、完善个性、体现人的价值的重要途径，也是强身健体、缓解学习疲劳和工作压力的重要手段。

2. 要转变教育思想观念

教育思想和教育观念的转变是校园体育文化建设的关键。教育目标、培养模式、体育课程设置、教学内容等各方面在深层次上无不受到教育思想、教育观念的支配和指导。要用新的思维、新的标准、新的目标去组建新的大学体育教育体系，塑造新的大学体育教育模式。在体育教学过程中，应强调技能与文化的自然渗透与融合，一方面，在教学中要增强对学生体育意识和健康意识的教育，培养学生自觉参与体育锻炼的兴趣和习惯；另一方面，要把当前体育教育与终身体育教育有机地联系起来，使学生树立终身体育的意识。

3. 加强校园体育文化制度建设

校园体育文化制度是学校根据自身的特点，制定的包括学校颁布实施的涉及体育教学管理、运动竞赛管理、体育社团管理等各方面的规章制度。在加强校园体育文化制度建设的同时，要积极采纳学生的建议，使校园体育文化制度能够适合本校学生的实际，更大程度上激起学生共同参与建设校园体育文化的兴趣。

4. 加强课余体育俱乐部和运动队建设

课余体育俱乐部是广大学生自愿参与以健身和娱乐为目的而组建的体育娱乐组织。成功的俱乐部及有特色的运动队对校园体育文化建设具有举足轻重的作用，能对师生员工产生巨大的凝聚力。

三、奥林匹克精神文化对我国校园体育文化发展的影响

（一）奥林匹克运动精神

在浩瀚的历史长河中，人类的体育活动丰富多彩。然而，从古至今在持续的时间、规模、影响及所追求的崇高思想方面，几乎没有一种活动可以同奥林匹克运动相媲美。现代奥林匹克运动创始于1894年，是每四年举办一次的体育竞赛和文化盛会的延续。它不是一般的体育竞赛，而是一个以体育为载体的社会文化运动，一种有自己的哲学、理念、追求目标的社会文化运动。奥林匹克运动把自己的理念称为奥林匹克主义，并指出，这是一种"人生哲学"，旨在通过体育运动，增强人的体魄、意志和精神，使人获得全面、和谐发展，进而建立一个尊重人的尊严和平的社会。现代奥林匹克运动是人类社会进入工业文明以后的一项伟大的社会实践，对人类文明的进步与发展产生了深远的影响。

《奥林匹克宪章》中指出，奥林匹克精神是"以友谊、团结和公平竞争的精神相互理解"。它引导人们摆脱文化偏见，以博大的胸怀认识和理解自己民族以外的事物，学会尊重其他民族，学习他们的优秀文化；在公平竞争中加强团结、增进友谊。奥林匹克精神体现的是社会和平、人的文明生活方式，它将体育运动作为实现人和谐发展的途径；是主导体育运动与教育、人性、社会文化发展相结合的崇高精神；是奥林匹克运动所具有的最珍贵的精神核心。奥林匹克精神不仅是古代奥林匹克运动产生和延绵不断的原动力，也是现代奥林匹克运动得

以复兴的历史因由。奥林匹克精神是人类一种向善、向美、向真的精神追求,体现了人类自强不息、永远向上的精神宗旨。《奥林匹克宪章》明确指出,奥林匹克精神就是在公平竞争的体育竞赛中促进不同种族、不同国家、不同信仰的人之间的相互了解、友谊和团结,它的本质内容包括参与、竞争、公正、友谊与奋斗,这些精神内涵的实质在奥林匹克发展的著名格言"更快、更高、更强"中得到了充分的体现。

(二)奥林匹克运动对中国现代体育的影响

奥林匹克运动需要中国传统民族体育。奥运会是世界上最具影响力和号召力的世界盛会,奥林匹克运动是跨国、跨文化、多元化的一个庞大的体育系统,它在倡导公平竞争的同时需要吸取不同的民族体育来充实和壮大自身。奥林匹克运动过于注重个体力量与"自我价值的彰显",导致了球场暴力等一系列弊端,中国传统民族体育注重整体、自然、和谐的主张正好为奥林匹克运动注入一股清流,使奥林匹克运动系统更为完善。

契机——世界体育一体化、世界和平的需要。经济全球化加速了其他元素的全球化进程,其中自然也包括了世界体育一体化。中国传统民族体育拥有悠久的历史与深厚的文化内涵,有着巨大的潜能和良好的发展前景,而奥林匹克运动是世界体育一体化的最典型代表,二者的融合与和谐发展能大大加快世界体育一体化的进程。奥林匹克运动还致力于世界的和平事业,在维护世界和平方面有着不可替代的作用。中国传统民族体育与奥林匹克运动的和谐发展,符合中国的和谐社会建设,对世界的和平也有积极的意义。"只有民族的才是世界的。"

现今世界上任何一项流行的体育项目,最初都是源于各国的民族体育,它们同样是在一定的地域受一定的文化而逐渐形成,后来随着经济发展、文化渗透逐渐成为在世界上被广泛开展的世界性的运动,如日本的柔道英国的击剑运动。发展中国民族传统体育不仅仅可以弘扬博大精深、源远流长的中国文化,更能挖掘和继承中华民族的优秀遗产。发展我国的民族传统体育,也可以使中华民族的传统体育全面走向世界,与世界的体育运动相交融,从而更好地促进国际体育文化的发展。中国体育文化体现出的是天人合一、崇尚和谐、恪守中道等人文思想。人们从事体育的目的是健身、养生、益智,排斥激烈的对抗竞争。这些在太极拳、射箭、舞剑、棋类等中国民族传统体育项目中已有所体现。比如中国民族传统体育项目武术,它的民族性特征非常突出,讲究的是形神合一。外国人如果对中国文化及其精神不了解,就难以把握武术的奥妙和精髓,学习中国武术只不过是机械模仿。另外,由于我国幅员辽阔,而民族传统体育又是依存于某一地区特定的历史和文化背景,因此我国的民族传统体育也具有一定的地域性与民族性。

(三)中国当代体育与奥林匹克运动

中华人民共和国的成立,为奥林匹克运动在中国的进一步发展提供了前所未有的机遇,在党和政府的高度重视下,奥林匹克组织得到了更新,群众体育和竞技体育得到了全面发展,奥林匹克宣传、教育与研究逐渐普及。这一阶段,是利用奥林匹克运动的项目、运动会形式、体育场馆和技术设施为中国人民服务,对奥林匹克运动的表层结构进行平等的改造和为我所用的阶段。与奥林匹克运动的深层结构(如价值观、思想体系）的融合尚未开始，与其中层结构（组织体系方面）则存在着严重的对立。1979年中国恢复了与国际奥委会的正式关系，中国体育开始了全面走向世界的新历程。这一时期的中国当代体育以空前的规模、全方位地同奥林匹克运动进行了接触、交流和融合，并取得了举世瞩目的巨大成就，从而使双方的关系进入了新的发展阶段。奥运会是世界体育运动的盛会，一直吸引着世界的注意。2008年北京奥运会把中国置于全世界所关注的地位，向全世界展示了中国文明、友好而鲜活的真实面貌。北京奥组委承诺保证为世界大家庭成员提供最好的体育场馆、最优美的环境、最方便的服务；保证办成"绿色奥运、人文奥运、科技奥运"，终获巨大成功，令世界刮目相看。成功举办2008年奥运会，促进了我国群众体育与竞技体育的全面发展，促使中国成为真正的体育强国；促进我国与世界的体育合作和交流，不断提高全体市民整体素质，为世界体育事业的发展做出贡献。成功举办2008年北京奥运会，奥运精神、奥运意识将成为中国人社会生活的主旋律。在奥运精神的鼓舞和五环旗的指引下，全体中华儿女的爱国主义精神和民族自豪感进一步增强，"更高、更快、更强"的口号将激励着中华民族自强不息、勇于进取；将极大地激发全国各族人民的爱国热情，促进我国改革开放和社会主义现代化建设事业快速发展。通过2008年的北京奥运会，赋予奥林匹克运动更多的中国民族传统体育文化的内涵；向全世界介绍中国的体育文化思想；向西方国家展现我国民族体育的魅力与神韵；将中国民族博大精深的文化展现在全世界人的面前。

第二节 高校校园体育文化的理论概括

高校校园体育文化是高校校园文化的重要组成部分，是高校师生接触最为广泛的一种文化。根据大学生个人的爱好，开展以竞技体育、传统保健体育、现代健身体育和娱乐体育为内容的体育文化活动，不仅丰富了学生课余文化生活，而且营造了高校特有的校园体育文化氛围。加强高校校园体育文化建设，营造浓厚的校园体育文化氛围，全面提高高校的育人质量，有着深远的意义和积极的借鉴作用。

一、高校校园文化的定义

高等院校是我国文化积淀、发展和传承的主要社会载体，是知识形成、传播的主要社会场所，高等院校的改革与发展对我国经济、政治、文化的进步与发展有着深远的影响。近些年来，河南省高等教育事业也同全国一样，与时俱进、深化改革、加速发展，取得了显著的成绩。中原地区的高等教育的发展，为中原地区培养了各方面的人才，为社会经济的发展奠定了基础。高校校园体育文化以其特有的文化氛围于有形、无形中影响着广大师生：从发展的角度看，良好的校园体育文化氛围能健身、健心，培养人的社会适应能力；从教育学的角度看，良好的校园体育文化氛围能提高大学生的思想道德品质，培养良好的体育观念，提高审美情趣，完善心理特质；从教养的角度看，良好的校园体育文化氛围能教给大学生体育知识技能，培养他们的体育参与态度、动机、兴趣和良好的锻炼身体习惯；从社会学的角度看，良好的校园体育文化氛围能增强大学生的社会意识，改进他们的社会化，增强他们的交际能力和社会活动能力。

高校校园体育文化是校园文化与体育文化有机结合的产物，是高校师生在校园这一特定的环境中，为实现高校培养和造就合格人才的目标而实施、传播的与身心健康直接相关的以身体活动为主要载体的精神文化现象。高校校园体育文化作为高校校园文化的重要组成部分，对高校校园文化具有反作用；高校校园体育文化具有较高的品位和层次，是高校特有的富有校园文化气息和健康生活气息的大众文化，它是以师生的体育价值观为核心，以实施健康第一的高校体育目标为主要目的，是以大学生群体为主体的体育行为方式、思维形式和活动方式，主要有校园体育课程、体育课外活动、体育艺术活动、校园体育竞赛活动、体育欣赏活动等具体表现方式和活动形式。一般来说，高校校园体育文化的内涵由三个部分组成，即高校体育精神文化层、高校体育制度文化层、高校体育物质文化层。精神文化层面处于主导地位，反映出高校体育文化行为准则、价值观念和意识等主要内容，体育健康价值观是其核心，持续渗透时间长，对学生影响久远，是一所高校向心力与凝聚力的象征；制度文化层面是联结两者的纽带，为物质层面更好地利用开发，精神层面更好地挖掘提供制度保障；物质文化层面是基础，是客观物质保障，它体现出高校体育文化的底蕴，对大学生身心健康发展起到"润物细无声"的滋润作用。高校校园体育文化的三个层面相互联系、相互促进、共同发展，缺一不可。

二、高校体育文化的现状及意义

随着人类的进步和发展，培养具有竞争、开拓意识和全面发展的复合型人才已成为高等学校教育发展的方向。体育作为高等教育的重要组成部分，更是素质教育的重要内容和手段，推进素质教育，发展学生的综合素质必须优先发展体育文化素养。

（一）现代大学生体育文化素养的现状分析

1. 体育知识贫乏，体育技能缺乏，体育行为被动

衡量大学生体育文化素养高低与否，其外露的显性指标体现在三方面：体育知识、体育技能和体育行为。但在对非体育专业的大学生进行的访谈调查中发现，当代大学生体育文化素养与其所处的文化阶层是极不相符的，集中表现在体育知识贫乏，体育技能缺乏和体育行为被动。在一些常识性的体育知识问答中，常常令人啼笑皆非。对一些常见的伤害事故，比如"脚踝扭伤了，怎么办？"大多数学生由于缺乏基本的急救知识而只能选择直接上医院治疗。

2. 体育意识不强，体育个性不强，体育意志薄弱

随着《全民健身计划纲要》的实施、国家对社会体育和学校体育的高度重视，人们的锻炼意识比从前已经有了长足的进步，校园体育文化活动也开展得风风火火，但总的来说，大学生的体育参与意识依然不高，终身体育意识尚未形成，体育个性不强，体育意志薄弱。

（二）培养大学生体育文化素养的途径

1. 借助课堂教学平台，刺激隐性因素发挥作用

大学生没有良好的体育个性，在一定程度上阻隔了大学生对体育知识和技能的追求。因而刺激隐性因素发挥作用，培养大学生的体育兴趣是关键。俗话说，"兴趣是最好的老师。"大学生一旦有了体育锻炼的兴趣，体育意识就会养成，同样也不用担心学生体育个性的形成和体育道德品质的问题。因而教师在课堂教学中，应该打破长期以来存在的以传授运动技术为单一模式的教学体系，建立以适当的运动技能传授为手段、努力激发学生体育锻炼兴趣为动力、培养大学生终身体育锻炼意识为最终目的的教学新体系。

在具体的实践教学中，我们也慢慢总结出一个规律：大学生身体素质并不是仅靠公共体育课上的身体素质训练而得以提高和发展，这种专门传授运动技能以提高身体素质的效果往往是非常不明显的，而恰恰是学生在平时的体育锻炼过程中不知不觉增强了自身的体质。总而言之，刺激体育文化素养的隐性因素发挥作用是关键，教师应该责无旁贷承担起为学生的健康服务的神圣职责，充分利用课堂教学这个平台，努力培养学生的体育兴趣，提高学生的体育文化素养。

2. 营造良好的校园体育文化氛围，潜移默化地接受体育知识与技能

大学生接受体育知识和技能，一方面来源于体育教师的课堂教学，另一方面来源于自身对体育知识和技能的关注。因而学校应该开展丰富多彩的课外体育活动，营造良好的校园体育文化氛围，让学生在潜

移默化中接受基本的体育知识和技能。比如开展课外体育俱乐部、体育运动协会、体育专题知识讲座等各种活动,让全体学生有机会选择自己喜欢的项目,体验运动带来的快乐,在良好的体育文化环境的氛围中不知不觉受到感染,一方面学到了体育知识,另一方面培养了体育兴趣。体育文化素养是人的基本素质的重要组成部分,在当前大力提倡素质教育的社会转型时期,培养大学生的体育文化素养不仅仅是高校体育教学的目标之一,同时也是高校体育改革所面临的社会责任。学生体育兴趣的激发和培养在一定程度上满足了终身体育的行为需求。在此基础上,教师一定要转变教学观念,多渠道地丰富学生的体育文化知识,同时借助社会体育的力量,让学生意识到提高体育文化素养不仅是个人素质的重要方面,更是大学生步入社会必备的精神品质之一。只有如此,大学生体育文化素养的提高才有希望。

(三)高校践行体育文化的意义

高校校园体育文化是与高校师生密切相关的一种文化,是校园文化中一种特殊的文化现象,是高校校园文化的重要组成部分。意义主要体现在以下三方面:

1.丰富高校教师的体育文化生活

高校教师在教学中占有非常重要的地位,在教学中起着主导作用,教师的身心健康对整个高校实际教学有着非常重要的影响。体育对促进身心健康有着重要而特殊的作用,本研究通过针对高校教师的调查,总结出高校教师体育文化的现状,找出存在的问题,并有针对性地给予高校教师合理的建议,这对于促进高校教师身心健康的发展具有重要的意义。

2.高校体育文化对大学生心理健康的积极影响

高校体育文化对大学生心理健康的积极影响主要有两个途径：第一，通过身心健康的交互作用实现。身体锻炼是体育文化的重要内容。第二，高校体育文化通过精神层面上的熏陶和潜移默化实现对大学生心理的积极影响。通过在体育锻炼和竞赛中领悟体育精神，从而增强自我心理调节能力，培养良好的心理品质，克服人格缺陷，不断完善自我。

（1）高校体育文化有助于缓解大学生的人际关系敏感

高校体育教学、课余体育活动、体育竞赛、体育协会组织、对外体育交流是高校体育文化的重要组织形式。大学生在参与这些体育活动和体育组织过程中既要充分发挥自身特点，又要融入集体中相互协作，共同完成既定的目标和任务。在这一过程中，他们不得不学习如何处理与他人的关系，使各项活动顺利开展。在比赛当中，他们必须不断地交流沟通，在局势有利或者同伴表现出色时，他们会用各种方式表示鼓励和认可；在出现失误、局势不利的关键时刻却能克制自己的不良情绪，做到相互理解和相互支持。这样，在参与运动过程中，大学生逐步形成了自信、自强、宽容、大度、尊重他人、不畏困难、敢于拼搏、遵守规则等心理品质和行为习惯。长期从事体育运动，特别是集体对抗性项目运动，能够使内向性格者趋于外向化，同时，运动过程中能够有效提升运动者对外交流和沟通的能力，从而发展他们处理复杂人际关系的能力。

（2）高校体育文化有助于大学生准确评价自我，增强自我接纳

和自我认同感

　　心理健康的大学生能对自己的能力、性格做出客观评价，了解自身长处和短处，明确自身存在的价值，能扬长避短、持续健康地发展自己的内在潜力。体育锻炼能促进学生个体主观上对自己的身体、思想和情感整体做出正确的评价。体育锻炼对于改善人的身体表象和身体自尊至关重要。身体自尊主要包括一个人对自己运动能力的评价，对自己身体外貌（吸引力）的评价及对自己身体的抵抗力和健康状况的评价。身体表象和身体自尊与整体自我概念有关，无论男生还是女生，对身体表象的不满意会使个体自尊变低（自尊指自我概念的积极程度），并产生不安全感和抑郁症状。有研究表明，肌肉力量与身体自尊、情绪稳定性、外向性格和自信心呈正相关，并且加强力量训练会使个体的自我概念显著增强。心理学的研究显示，人格的形成及其发展与人的活动密不可分。在体育锻炼的过程中，大学生是活动的主体，有利于思维活动和机体活动的紧密结合，从而促进人格的完善和发展。同时，既可以施展自己的才华，又能实现自我的心理满足，进而改变人的整个心理状态。

　　（3）高校体育文化有助于大学生良好意志品质和个性心理的形成

　　意志品质是指一个人的自觉性、果断性、坚韧性、自制力及勇敢顽强和独立主动的精神，是一个人行为特点的稳定因素的总和。体育锻炼不但要克服气候条件的变化、动作的难度或外部障碍等困难，还要克服如胆怯、疲劳及运动损伤等主观因素造成的困难，同时，还要遵守竞赛规则、制约和调控自己的个人行为，以有利于在竞赛中充分发挥自己的潜能。另外，通过体育文化活动表达的团结、友谊、和平、进步等人类先进的思想和愿望，在合理规范的竞争中锻炼自己的品行，并在成功与失败、荣誉与耻辱、竞争与退让、个人与集体之间做出选择，在选择中表达自己的世界观、人生观和价值观。

（4）高校体育文化有助于缓解大学生抑郁、焦虑、敌对、胆怯、强迫等心理症状

情绪状态的调控能力是衡量高校体育文化对心理健康影响的最主要指标，心理健康的大学生能够适度地表达和控制自己的情绪。高校体育文化对大学生心理的积极影响主要是以体育锻炼为表现形式和手段的，体育锻炼可以有效转移个体不愉快的意识、情绪和行为，从烦恼和痛苦中摆脱出来。体育锻炼之所以能够调节情绪，是因为参与者能体验到运动带来的愉快感觉。心理学家认为，适度负荷的体育锻炼能够促进人体释放一种多肽物质——内啡肽，它能提升大脑皮层的兴奋和抑制的协调作用，使神经系统的兴奋抑制的交替转换过程得到加强，从而产生良好的情绪状态。因此参加体育锻炼，尤其是参加那些自己喜爱和擅长的体育锻炼，可以使人从中得到乐趣，振奋精神。国内的研究资料表明，以有氧代谢为标准的中距离和长距离慢速跑、变速跑能够松弛紧张的情绪；集体项目，如球类活动，可以通过培养良好的协作精神和团队意识来抑郁焦虑；健美操、有氧韵律操等对缓解焦虑有明显的作用。经常参加身体锻炼者的状态焦虑、抑郁、紧张和心理紊乱等消极的心理变量水平明显低于不参加身体锻炼者，而愉快等积极的心理变量水平则明显要高一些。

3. 促进高校校园文化的建设及发展

高校校园文化是以学生和教师为主体，以各种文化体育活动为主要内容，以校园为主要空间，以校园精神为主要特征的一种群体文化，它主要包括：以青年学生为代表的文化观念及由此所规范的学生特有的思维特征、行为特征和方式；师生课余生活中一切以群体形式出现的文化体育活动，如棋牌、文学、武术、球类等社团的活动，其中最能体现校园文化本质内容的是校园风气或校园精神。校园文化建设是学校育人工作的重要一环，它能促进整个学校的教育思想、教育管理、教育方法的变革，对于引导学生坚定正确的政治方向、提高思想道德素质、开发学生智力、增进学生身心健康、丰富文化生活、帮助他们树立和形成良好的审美观及和谐的人际关系、促使学生产生积极的情感和创造意识、促进学生全面成才具有重大的意义。

第三节　高校体育文化的结构与内容

近年来高校校园文化研究与建设热潮日益高涨，这源于高校进入自主发展、自我发展的新阶段后，在市场经济、全球化、信息化、环境化与可持续发展的背景下，从文化发展上对学校进行自主特色定位的体现。但是，由于文化概念的广泛性，对校园体育文化存在众多不同的理解，特别是不加区分地罗列校园体育文化的层次和校园体育文化现象，这既无助于认识深化，也给校园体育文化建设的具体实践带来操作上的困难。因为现实的校园体育文化是开放的、立体的、丰富多彩的，我们必须按照校园体育文化结构要素间的内在逻辑关系，从不同的视角加以考察,并立体地把握校园体育文化,才是认识校园体育文化层次结构的基本原则。

一、校园体育文化主体形态的层次结构

人是校园体育文化的主体,同时也是其主要载体,是活力最强的校园体育文化的构成要素。校园体育文化的构建应首先着眼于人,它的核心问题是人力资源的开发、管理和利用,它既包括校园成员的体育文化水平、体育道德、体育观念、体育态度、语言艺术、体育教师的业务能力、科学化训练水平、学生的运动水平、运动成绩、健身水平、服饰内容和体育运动中的人际关系等素质的教育与培训、体育作风的培养、主体体育精神的树立与发挥,从整体上提高校园成员的素养与水平,也包括贯穿学校全部和制度中学校体育精神的宣传、灌输,更包括充分发挥以名师名生为代表的群体在校园体育文化建设中的主体作用、榜样作用和示范作用,充分给予他们在教学、科研、训练、健身过程中展示个人魅力的机会。校园体育文化的形成、发展和特色的定型根本上是主体的结果,是高校全体师生员工共同的主观追求、设计与创新。但是由于学校内不同群体的身份、角色不同,因此从主体方面来考察,校园体育文化客观上存在干部体育文化、教师体育文化、学生体育文化有区别的三个层次。学生体育文化是校园体育文化最表面、最活跃的层次,教师体育文化处在稳定的中间层,是校园体育文化的主导,干部体育文化以学校决策管理层为代表,是校园体育文化整体自觉发展、主动创新的重要动力。

（一）干部体育文化

干部体育文化的主体主要是学校的决策层、高校二级管理单位的领导集体及系部的领导集体。他们的办学理念和教育思想，以及能否目光敏锐地站在时代潮流的前沿，通常是加速或延缓学校发展的决定因素，对校园体育文化的形成与传播产生巨大的影响。学校领导集体对校园体育文化有预见的倡导和长期培育是形成特色鲜明的校园体育文化的重要源泉，他们对各种社会文化思潮的态度，会极大地左右学校跨文化交流方式与内容，影响校园体育文化继承民族传统体育、吸收世界体育文明及创新的进程。学校领导集体尤其担负着学校政治文化、道德文化与健康文化的建设的重要责任，在代表先进体育文化的发展方向、管理宽度上应做出更多的努力。

（二）教师体育文化

教师体育文化的主体是高校的教师、科研人员、职工离退休人员。他们是一所高校社会地位和声誉的决定因素，也是教学、科研、训练、健身和社会服务的主角，更是体育文化的主导力量。一方面教师的体育思想道德、体育文化修养、学术抱负及生活态度，一言一行无不对大学生产生着深远的影响；另一方面教师在教学、科研、训练、健身和社会服务中的活动，也影响着学校领导层的决策，校园体育文化活动应充分发挥教师的文化主体作用。

（三）学生体育文化

学生体育文化的主体是学校各办学层次的所有学生。学生在学校的主要任务是在教师、科研人员、管理人员和退休人员的指导和影响下，通过学习获取知识、运动技能与健身方法，提高身心素养。在教师的指导和影响下形成、发展和传播，是学生体育文化的一个重要特点。学生体育文化是最丰富多彩和形式多样的，它表现在教学、科研、社团、文艺、俱乐部、课外活动、娱乐活动、野外活动、健身活动、社会实践活动、体育文化节、体育周、体育比赛、运动队训练、讲座、竞赛、讨论、宣传、演讲、网络、多媒体等学校的一切方面。正因为学生体育文化的表现人多面广，因此很多人就把校园体育文化局限在学生体育文化层次上。由于大学生思想观念中固有的东西少，条条框框的束缚较少，容易接受新东西、新思维、新事物、新观念，同时他们也往往是各种文化传播的重点对象，所以学生体育文化经常是高校跨文化交流最前沿和最活跃的部分，并成为校园体育文化中文化冲突乃至社会政治冲突的焦点。

二、高校校园体育文化层次结构

（一）校园体育精神文化

从生命哲学的视野看，只有精神活动才是人的生命活动的最高形式，因而也只有精神文化才真正表现出文化的生命特征。学校文化本质上是学生进行生命交流的过程，而不是孤立存在的运动过程。校园体育精神文化是在校园中由师生长期创造的、特定的一种精神财富和文化氛围。它主要通过体育思想观念体系和价值体系表现出来。精神文化包括身体观、健康观、运动观、体育观、审美观、道德观、人际关系、体育意识、体育思想观念、价值取向、实践能力等，从深层影响着全体师生员工的思想、理想、信仰、意志、态度、情感及行为，具有深刻的哲理内涵和浓浓的人情味，要创设那种潜伏、弥漫、浸染于整个校园并体现学校深层目的的精神氛围，来养成全体师生员工具有持久效应的思维、态度、情感及行为方式。校园体育精神文化是赋予学校生命、活力并反映学校体育历史传统、办学特色、体育精神风貌的一种学校体育精神形态，每一所学校都有自己的校园体育文化，但并不一定每一所学校都能形成或凝聚起自己独具特色的学校体育精神。学校体育精神是校园体育文化的核心和灵魂，这强大的影响力、感染力渗透在学校体育的方方面面，成为凝聚全体师生员工共同奋斗的精神动力。如清华体育，源远流长。体育传统的形成与保持源于校方及体育教师的重视提倡和悉心指导，其思想根源在于清华教育者"健全人格"的教育思想和忧国忧民的爱国之心。

（二）校园体育艺术文化

1. 体育艺术文化的内涵

体育艺术文化既不同于体育物质文化，也不同于体育精神文化，它处于二者中间。在历史文化发展的长河中，体育与艺术在各自的发展中相互间不断地靠近、接近与汇合，出现了一个体育与艺术相互渗透的广阔领域。苏联学者说："在最远古代时代体育运动对艺术文化的影响仅限于舞蹈的范围内，再晚些时候体育运动——艺术的混合性成了杂技艺术的基础。现在体育运动和艺术文化的影响愈益广泛和多样。这也是可以理解的——因为在我们今天，体育运动取得了这样的群众性，这样牢牢地进入了每个人的日常生活——作为早操、生产操、中学和高等学校里的体育课，群众体育团体的工作的形式，最后还以在露天或卫视转播节目中观看的表演形式进入每个人的日常生活。当然体育技术同物质生产技术一起要求当代艺术掌握它的资源，以使艺术语言尽可能与当代人的世界观相符。由此产生了这种新的——而且在短时间内成为如此普及的——艺术品种，如艺术体操、花样滑冰、冰上芭蕾、花样游泳、群众体育检阅节。"因此有学者曾预言，未来体育的发展将走向艺术体育。苏珊·朗格曾指出："当今艺术的边界已变得越来越模糊，连体育也有重返艺术的迹象。"已退休的前奥委会主席萨马兰奇曾经说过："我们把体育与艺术看作是一回事，艺术和体育就是我们奥林匹克的定义。"今天人们观赏不同形式的体育比赛，运动者的优美动作既可作为"流动的艺术品"供人视觉观赏，在他们的动作中表现出来的拼搏进取、公平竞争、即兴创新动作等又作为"物质中的思维"和爱国主义与个性的张扬联系起来。他们这种具有双重意义的表演难于用其他符号表达，故它应该隶属于体育艺术文化体系。

2.体育艺术文化的主要内容

体育表演艺术——体育表演有两种含义，一是在校园体育活动中通过体育动作表现自己的美，提高对美的表现把握能力，它是美育的重要内容。二是观看别人表演，提高自己欣赏美的水平。体育欣赏——观赏体育比赛是陶冶学生情操，培养学生热爱体育活动，欣赏体育美的重要内容。这些比赛所表现出来的高超运动技巧和拼搏精神特别容易感染观众的感情，这是任何表演所难以达到的。学生在从事体育活动时，有时会产生一种"尽善尽美"的追求，这和艺术的追求是很相

第四章 高校体育文化的传承与发展

似的,从体育中产生的"身心一致""天人合一""返璞归真""融于自然"等体验具有精神体验和身体体验难以侵害的特点。

现代生活中体育与艺术或艺术与体育的广泛融合现象,是体育游离实用中心向着艺术逐渐推移,艺术游离审美中心向着生活实践领域(包括体育运动)逐渐推移,双向互动,动态生成的结果,是文化发展史内部方向相对、作用不同的两种历史性律动形式相反相成的结果。

3. 校园体育制度文化

校园体育制度文化主要指以文字形态表达的学校体育的规章制度及固定的体制所体现的文化,如学校制定的体育章程、条例、规定、办法、公约、实施细则等制度及办学目标、校训、教风、学风等,它们保证学校秩序的正常运行,规范着学校成员的行为、态度和作风,倡导与校园体育精神文化的价值观、健康观、审美观一致的学校体育风气,是体育精神文化在学校各个方面管理上的体现。先进的校园体育文化精神如果不能通过一定的制度及相应的机制表达出来,就难以转化成客观的体育文化存在,形成不了新的体育文化风尚,就起不到推动校园体育文化进步的作用。当新的校园体育精神文化转化到了制度上时,既标志着先进的校园体育精神文化的有效传播,又标志着校园体育文化创新的落实。一所高校包括体育制度创新在内的体育教育创新,本质上是体育文化创新。当前,经济发展和社会进步已极大地改变了当代高校师生的价值观念、健康观念。在当前的高校体育改革中,制度创新是推动高校体育发展、建设高校校园体育文化的途径。同时,体育制度创新是体育创新的重要内容。"进行教育创新,关键是通过深化改革不断健全和完善与社会主义建设要求相适应的教育体制。"没有不断的体育制度创新，就不会有体育体制改革的真正深化。

4. 校园体育物质文化

校园体育物质文化以实物形态表现出来，主要指学校的体育建筑、生活设施、校园教学环境、自然生态环境等。人生活在一定的自然环境中，总是力图对自己周围的环境客体做全面认识和综合解释，这就是环境知觉。在环境知觉的指导下，人在空间中进行各种各样的身体活动，空间慢慢地与各种各样的身体活动发生联系，产生了意义。人出于对自然、社会和人自身的理解，对分化的空间做出自觉的安排和使用，就是空间设计。空间设计的直接结果，就是形成各种各样的体育物质文化。体育物质文化处于精神文化、制度文化的外层，一方面是因为在校园的整体布局、校园建筑结构风格、校园自然生态环境等物质建设上，积淀着师生的审美价值；另一方面是是否自觉接受先进的体育精神文化的指导，校园体育物质形态上所承载的体育文化含义是有很大不同的。在校园的体育物质设施建设上，通常凝聚了一定时代学校全体师生的体育文化思考，是最直观区别高校有无体育文化内涵的特征之一。优秀的校园体育物质文化是丰富和升华校园体育文化生活，表现一所学校的独特气质和风格及良好社会形象不可缺少的内容，反之，不重视校园体育物质文化，不仅影响体育教学、科研、训练、健身活动的开展，而且不利于人素质的全面发展和终身体育的养成。因此著名学府都非常重视学校体育建筑风格、整体布局和校园生态环境的建设。

校园体育物质文化是一种特殊的物质文化形态，其独特之处就在于校园是专门的育人场所，育人的意向性要求是其本身包容丰富的教育意义与教育价值。校园体育物质文化积淀着历史、传统、体育文化和社会价值，蕴含着巨大的潜在体育教育意义。学生不仅通过体育物质文化掌握一定群体的环境知觉，而且同时从体育物质文化中领会特定体育文化的空间设计，态度、情感、健康观和价值观受到潜移默化的影响。

5.校园体育行为文化

校园体育行为文化包括校园内人们的日常言行和开展的教学性活动、学术性活动、各种健身活动、各种娱乐性活动、体育消费、体育时间和空间利用等。校园体育行为文化主要通过师生的身体活动形态表现出来，是学校日常生活中人们最经常表达情感、态度，最直接感受的体育文化形态，它与上述四个层次的校园体育文化有很大不同。相对于体育行为文化来说，上述四个层次的校园体育文化便有了资源性或环境性的作用，从内部支撑着校园体育行为文化，并形成高校跨文化交流的活跃"界面"。由于校园体育行为文化处于校园体育文化的外层，因此它比内层文化更具开放性，更加多元化与生活化。校园体育行为文化一方面要受支撑它的内层文化的影响和支配，另一方面又受体育艺术文化和社会大众文化的影响，对内层文化有反作用，它总是在承受现在的内层文化的基础上又对内层体育文化有所改变。校园体育文化正是内外层文化这种承受与改变的交互活动过程的产物，不断在各层次间内在的矛盾运动中获得发展动力。

三、校园体育文化中职能形态的层次结构

在校园体育文化中文化信息的传递通常由于学校不同部门的分工

而有了职能的特征，从而使文化渗透影响的方式出现差异。按照职能特征，校园体育文化可分为体育决策管理文化，体育教学、学术、训练、健身文化及体育生活娱乐文化三个层次。

（一）体育决策管理文化

体育决策管理文化是指学校体育决策与管理的理念，以及相应的制度、方式、结构、原则与行为等。不同理念、结构、制度、方式、原则与行为下形成的决策与管理，反映出来的体育价值观念与体育文化意义是完全不同的，对校园体育文化的形成、发展的结果也是完全不一样的。透过学校的决策与管理，人们可以清晰感受到一所学校体育文化的品位。因此从职能上来说，决策管理文化不仅是一个独立的校园体育文化层次，而且居于校园体育文化的中心枢纽地位。

（二）体育教学、学术、训练、健身文化

体育教学、学术、训练、健身文化是在教学、科研、训练与健身行为、结果和制度上积淀起来的文化。体育教学、学术、训练与健身是校园体育文化的主要内容，也是高校体育文化区别于其他文化的重要特征。体育教学、学术、训练与健身是校园体育文化的关键层次和建设主题，良好的体育教学、学术、训练与健身文化对高校提高办学层次、办学水平与保证办学质量都是必要的条件之一。当体育教师视自己的学术生命为第一要务时，学术抱负就转化为强大的体育精神动力，求真敬业的良好教风、训练作风与健康第一的理念自然水到渠成；当创新教育蔚然成风时，杰出人才的出现就只是一个时间问题。良好的学术文化同样是大学生学习创新，提高素质，建设良好学风、考风与健身风

的强大精神动力。不同高校或同一学校的不同学院、课程，教学、学术、训练与健身都有自己显著的特色，科技文化与人文文化各有侧重。但是体育教学、学术、训练与健身文化是共同具有的，体育文化与科技文化、人文文化共同构成校园文化整体。

（三）体育生活娱乐文化

体育日常生活娱乐文化是工作学习之外，在全体师生员工的生活方式与闲暇娱乐活动中表现出来的体育文化现象。按赫勒的理解，所谓日常生活，是"指同时使社会再生产成为可能的个体再生产要素的集合"。日常生活从生命价值的确证和维护、以主体间的交往行动摒弃对人的工具性规定、参与并担保文化的延续、使个体不断融入这个世界并获得对世界的认同感等方面展示了其积极的意义。体育文化以其强大的渗透力，作用于人的生活价值观。体育是生活的符号，身体运动积淀着文化。联合国教科文组织颁布的《体育运动国际宪章》中指出，体育是提高生活质量的手段。它处在学校主流文化的外层，与体育决策管理文化，体育教学、学术、训练与健身文化既有相关性，相互间的作用又是十分紧密的。这是学校中最广泛存在的一种体育文化形式，表现在各种有组织或自发的活动之中，有很大的随意性、松散性。校园体育生活娱乐文化、大众文化与艺术文化的相关内容有重合、交叉之处，但又有着自身的特点。

高校作为最高层次的教育单位，高级知识分子相对集中、传播媒介比较完备、文化层次普遍较高，已成为它的三大特征。由于处于社会文化潮流的前沿，学校成员对各种社会现象、体育现象、思潮、社会风云比较敏感，表现出明显的关照。对科学技术和社会进步，一般具有趋善求美的理性的自觉性。同时，高校担负人才培养与知识、技能、制度创新的社会职能，体育教学、科研、训练与健身是主要的工作方式，学校体育都要围绕教学、科研、训练与健身来运作，这种独特的工作方式会给师生员工的体育思想和行为方式留下深刻的烙印，从而使高校的校园体育文化显示自身的特殊性：学术性。以学术性为特色的校园体育文化必定尊重自然科学、社会科学、人文科学、体育科学、生命科学与生态科学，崇尚科学精神与人文精神的结合，因此，科学性是校园体育文化不能脱离的本质特征。另外，学术性活动要求尊重民主，强调"百花齐放，百家争鸣"，鼓励兼容并蓄，主张开放多元的学术环境，因此民主性是校园体育文化不能缺少的又一个本质特征。

四、高校体育文化特征与构成要素

高校校园体育文化是以一定的社会政治、经济、教育、文化、体育等条件为基础，以高校师生员工为主体，由高校的体育环境和学生的需求相融合形成的。高校校园体育文化是具有高校校园特色和健康生活气氛的一种大众文化，具有较高的层次和品位，它集健身、消遣、娱乐、传播文化等功能于一身，是大学生文化生活中的一项重要内容，具有如下几个主要特征：

（一）健身性

高校体育是通过人体运动的方式进行的，因此，健身性是高校校园体育文化的最本质特点之一。在高校体育活动中，无论是体育课还是课外活动，无论是传播运动技术还是讲授健身知识，都是为了增强体质，增进心理健康；因此，高校校园体育文化有很强的健身性。通过体育文化活动，可以使参与者获得身体机理的健康，更重要的是让参与者产生自主性、独立性、积极向上勇于挑战的精神和勇敢顽强的意志品质，以及公正的态度、集体协作的精神、开朗活泼的性格，进而使个性健康而全面发展，并具有更加积极的个人性格与心理素质，成为一个真正的全方位的自我和谐的人。

（二）竞争性

竞争性是体育的灵魂，没有竞争就没有超越，就没有创新和发展。体育的竞争是指在运动场上，两个以上的个人或集体在统一规则下，争夺统一目标的活动，先得者为胜，不得者为败。它不仅比身体、比技术、比经验，而且比思想、比意志、比作风和拼搏精神，是一种全面的抗衡和竞争，对参加者的各方面都是种严峻的考验。从某种意义上说，竞技体育是人类竞争的典范。适者生存是在自然界和人类社会已被广泛证明的真理，要适应未来社会的需要，就必须学会竞争，并在竞争中取胜。高校体育文化活动让师生在竞赛中较量体力、智力、心理，在公正、准确、平等的基础上展开拼搏，体味到竞争的剧烈性和残酷性，增强竞争意识，在激烈的竞争中学会运用技术和技巧，充分发挥自己的聪明才智，战胜对手，战胜自我和超越自我。

(三)互动性

校园体育文化是典型的开放系统,它与外界的信息交流十分频繁,不仅具有青年文化的特点,而且时刻反映着社会文化的变迁,并不断地吸收和表现社会时尚的体育文化特征,反映社会体育知识、体育科技、体育经济等方面的最新变化。高校校园体育文化环境是由学校与学校、系与系、学校与社会等一个个体育文化圈组成的,没有这些体育文化圈,就没有高校校园体育文化。作为高等院校的教师和学生,尽管他们有其一定的独立性,但是人与人之间需要沟通和交流,院系与专业之间也需要互相协调和合作。

(四)教育性

现代教育强调终身教育,终身体育作为一种新思想,是受终身教育思想的影响,随着社会经济的发展、体育功能的完善和人们生活观念、行为的变化而产生的。当代社会人们对体育的需求日益高涨;科学锻炼、终身受益,已形成一股社会体育的新潮流。因此,高校校园体育文化应以终身体育为主线,以大学生终身受益为出发点,立足现在,着眼未来,将大学生的个体行为纳入终身体育行为,拓宽高校体育培养目标的内涵,在培养学生个体行为的基础上发展体育特长,使学生掌握体育锻炼的知识技能,培养和提高学生的体育能力,养成经常参加体育锻炼的习惯,有利于促进全民健身活动的普及与提高。另外,通过各类校园体育文化活动的示范和教育,能让参与者学会各种卫生保健知识,培养和提高了在运动时的自我保护的保健能力。

（五）娱乐性

现代奥林匹克运动会创始人顾拜旦在他的《体育颂》中这样写道："体育，你就是乐趣，想起你，内心充满欢喜，血液循环加剧，思路更加开阔，条理更加清晰，你使忧伤的人散心解闷，你使快乐的人生活更加甜蜜。"这段名言道出了体育娱乐性的真谛。现代体育由于其技术的高难性、造型的艺术性、配合默契性和技术动作的直观性，很容易被广大人民群众接受，使它成为现代人闲暇生活的重要组成部分，能起到丰富社会文化生活，满足人们精神生活的作用。同时，现代体育运动使健、力、美高度统一起来，和谐的旋律、明快的节奏、默契的配合，表现出抒情诗般的艺术造型，使人们在欣赏体育比赛时能像欣赏优美的舞蹈、线条明快的雕塑等其他艺术形式一样产生美的享受。另外，人们通过参加体育活动在完成各种复杂练习与对手斗志拼搏，征服自然和人类自身设置的障碍后，得到一种美妙的快感，使人产生自尊心、自信心和自豪感。

第四节　文化遗产与体育文化遗产释义

传统体育文化属于非物质文化遗产，是中华民族创造的灿烂文化的一部分，是人类共同的骄傲。非物质文化和其他事物一样，都有产生、发展、辉煌、凋零和继承保护。"非物质文化遗产是不可再生资源，随着全球化趋势和现代化进程的加快，我国的文化生态正在发生巨大变化，文化遗产及其生存环境受到严重威胁。"然而，在历史的发展、社会的进程中,人们会不自觉地丢掉属于我们精神领域内本性的东西,盲目地追求外在浮华的物质。

一、文化遗产中的我国传统体育文化概述

非物质传统文化遗产是全球性对民族文化的维护和整理,包括中国在内的世界各个民族非常重视自己民族传统文化的挖掘和梳理。联合国教科文组织将非物质文化遗产界定为:"非物质文化遗产是指被各群体、团体、有时为个人视为其文化遗产的各种实践、表演、表现形式、知识和技能及其有关的工具、实物、工艺品和文化场所。"非物质文化遗产的概念是比较宽泛的,其内容、领域等在当前进行着多方面的研究,非物质体育文化是非物质文化的子文化,研究非物质体育文化对当前我国的体育事业来说是很重要的工作之一,不论历史是如何发展的,但是本质的原则只有一个,那就是中国传统的文化不能舍弃和丢失,甚至是遗忘。我们的祖先为世界创造了灿烂的文明,这些文明有的已泯灭在历史的星空中,有的我们还能深切地感受到。文化需要传承,需要继续,需要生生不息。古人说"苟日新,日日新,又日新",即是希望文化传承能够不断自我更新,不断发展。非物质文化遗产同文化遗产一样,承载着人类社会文明,是世界文化多样性的体现。

二、非物质体育文化遗产保护的价值

（一）体育文化遗产保护的社会价值

每一个历史时期都有自己的使命，使命决定于当前历史的发展状况和状态。救助是源于主流文化的缺失、观念的单薄、意识的落后等；补正是源于异族文化的嫁娶，文化是民族的灵魂。我们必须清醒认识到我国非物质体育文化保护的社会价值，这注定是我们这一代体育人的历史使命。我国非物质体育文化遗产是民族的心里情结，是世世代代生息的土地上文化血脉的流承，是文化传播的基因。文化的国际交往有助于文化的交融和发展，但是有一个不变的原则就是以传承主流文化为前提。

（二）体育文化遗产保护的文化价值

非物质体育文化遗产是中华民族非物质文化的子文化，文化遗产虽然是历史尘封的记忆，但与过去的历史事件、历史阶段和历史人物紧密相关，是历史发展的物证，是文化遗存的活化石，对研究历史有着重要的价值。因此，非物质文化的保护价值是多元的，不同的地域散发着不同地域的文化气息。

非物质文化遗产是人类自己创造的，它的继承和保护依然要靠人类自身来维系。通过加强区域性保护、建立法制体系、形成自觉保护意识可对文化做最好的延承。

三、中国体育文化遗产的现状及发展趋势

体育文化遗产是我国非物质文化遗产的重要组成部分，它的发展保护也受到各界专家学者的重视。当前，对体育文化遗产的保护工作主要是由文化和旅游部、旅游局、民委等部门在实施，在保护过程中存在不少问题，主要包括相关管理部门对体育非物质文化遗产保护重视不够、保护文化遗产的理念不清、缺少资金、缺少完善的保护措施等。

（一）我国体育文化遗产保护的现状

1.对保护工作的紧迫性认识不到位且意识淡薄

随着世界经济一体化和文化全球化的冲击和人们生活方式的改变，人们将更多的目光投射到奥运会、亚运会。民族传统体育的发展在世界体育文化日益多元化的趋势下面临新的机遇和挑战，许多人包括体育工作者本身，都认识不到体育非物质文化遗产日益恶化、加速消亡的现实，更多地把主要精力放在了如何发展学校体育和竞技体育上，而很少有人关注民族传统体育，认识不到传统民间体育文化属于不可再生资源，缺乏民间体育文化保护的紧迫感、责任感和使命感。

2.新的社会环境变迁对体育非物质文化遗产保护的影响

体育非物质文化遗产保护要求在对某一具体对象进行保护时，不能只顾及该事物本身，而必须连同与它的生命休戚与共的生态环境一起加以保护。体育非物质文化遗产大多产生于传统社会，流传于民间。我国传统社会是以家族、村落、社区为基础环境的农业社会，随着现代经济文明的迅速发展，传统的农耕文化向现代农业、新型工业、旅

游等现代文明方向发展，传统体育依赖的环境也在不断发展变化之中，社会经济的改善与变迁是不可逆转的。因此，部分传统体育非物质文化遗产在实际保护中受到重大影响，是体育非物质文化遗产保护中的重大难题。

3. 体育非物质文化遗产保护与商业利益的矛盾

任何事情都有其合理性，对于传统体育文化等非物质文化遗产的商业开发不能横加指责，尤其是传统体育文化大多产于落后的民族地区与农村地区，对群众来说，参与商业表演与经营是其改变贫困落后的重要途径，外界不能单纯以商业化的理由阻止群众为改善生计而做出的努力。在西部地区，还有相当一部分离土不离乡的人，他们同样需要提高自己的生活水平，人们不能简单地为了让他们保护世界文化的多样性、保护某种文化遗产的表现形式而固守贫穷。在市场经济体制下，周边的社会生活大都被烙上了商品经济的烙印。在这种情形下，任何将保护传统文化与市场经济分离的想法在实践中都会变得异常艰难。当前，出现了把申报非物质文化遗产当作开发旅游或者是兴办其他文化产业的手段的现象，而这些非物质文化遗产的本质是广大民众的生活方式，而一旦这种生活方式被当作牟利的商品，它的性质就改变了。因此，在传统文化的保护中经常面临的一个问题就是某一特定对象需要及时保护甚至抢救与当地群众对于经济利益的追求发生矛盾时，就需要依据以人为本的原则，应该尊重民族群众与地方政府追求经济发展和改善民生的努力。另外，在传统体育文化的传承和保护中最终还得依赖群众这一主体，必须在商业开发与传统体育文化保护中寻求一个平衡点。

（二）中国体育遗产的可持续性发展

1. 吸收先进文化

我国传统体育是在封建社会中走出来的，传统社会文化封闭的价值体系及其所构成的心理和价值观念，已经不适于现代文化的发展趋势。以个体经济为基础发展起来的安于现状、不求上进、狭隘自守的保守性与现代经济发展速度、生活理念、价值观念及科学的社会发展观是格格不入的，所以必须批判地继承，发扬优秀成分，摒弃不科学的成分，借鉴现代体育科学的基本原理方法，使传统与现代相结合，只有开放、积极地接纳外来先进的文化，才能促进民族传统体育的发展。只有民族的才是世界的，作为中华文化重要组成部分的中华民族传统体育，在经济全球化和体育全球化趋势的背景下，只有积极寻求可持续发展之路，使之既保持自身的民族特质，又汇入现代体育的共性，实现现代化发展，才能在新时代获得生存与发展。

2. 多渠道、多层次、多形式集资

民族传统体育中，许多器械落后、不安全，要改善这些基本条件，使其朝着规范化、科学化的方向发展，首先要解决资金问题，国外在开发和保护传统体育文化时，采取了各种各样的手段和措施：一方面，加大政府投入，设立专项基金；另一方面，实施差别税率，鼓励社会资金投入文化的开发和保护。要促进民族传统体育的发展，不能只靠国家投资，要采取多种投资形式，鼓励企业、个人和外商进行投资，开发民族传统体育，为民族传统体育的发展提供必要的设施、场馆，从而更好地贯彻全民健身计划。

3. 发展民族传统体育文化、旅游产业

多姿多彩的民族体育活动、色彩斑斓的民族体育服饰、体育用品及自然资源等形成了中华民族特有的民族传统体育文化旅游资源。来自世界各地的旅游者，带着不同的价值观，甚至是不同的文化观对民族传统体育文化旅游产品进行认同、接受和批评等，促使民族体育文化产品的设计用意、内涵加以改进，有利于民族传统体育朝着产业化、市场化的方向发展，增强民族体育文化的竞争性，促进其全面发展。

总之，人类社会在不断的发展中，曾经创造了辉煌的文明，同时也给我们留下了丰厚的文化遗产。在这些文化遗产中，有的我们只能通过字里行间和古老的岩画、壁刻去体会；有的我们还能亲身体会其无穷的魅力；有的已经化为烟尘，永远不再为人知了……但是这些文化遗产都为我们人类的文明进步做出了或者还在做着贡献。珍惜、保护、传承文化遗产就是为了人类的明天有一个更好的发展。体育类文化遗产作为人类遗产中的重要组成部分，也同样具有不可替代的作用。保护和利用好非物质文化遗产，对于继承和发扬民族优秀文化传统、增进民族团结、增强民族自信心和凝聚力、促进社会主义精神文明建设都具有重要而深远的意义。

四、中国体育文化遗产传承与保护的策略

民族传统体育是民族传统文化的典型代表，保护民族传统体育文化是社会和时代提出的要求。然而，工业化的发展及追求利益的思想深入给体育文化带来了负面的影响，中国民族传统体育文化呈现的逐渐消亡的局面给人们敲响了警钟，寻找其发展的有效途径已迫在眉睫。

由于缺少组织和支持,研究水平参差不齐,保护与传承的方法、手段单一等,使得挖掘保护中投入大量的人力、物力、财力关注保护的形式和结果,而没有或很少考虑非物质文化遗产持续传承、存在的根本动力等至为关键的问题。因此,挖掘整理、继承弘扬我们国家优秀的民族传统体育是一项十分紧迫的工作,也是一项十分艰巨的任务。

（一）民族传统体育文化的保护形式

人民政府为开展中国传统体育文化的保护提供了一些政策依据,但是对民族传统体育文化的保护还没有专门性的法律法规,面对当前民族传统体育文化面临的困境,从国家政府到地方应建立起一条系统的保护政策与措施,实现"从整体到局部"严密的保护线。民族传统体育是中国人民劳动的产物,它来源于劳动实践、风俗习惯和日常生活等。在我国,许多民族关于历史文化的文字记载较晚,甚至有些民族根本没有形成自己系统的文字,那么用身体语言进行历史教育就成为民族文化传承的重要方式,而体育文化就是身体语言的重要形式。由此看来,保护好民族体育的继承人与代代传授的方法是保护民族传统体育文化的重要途径。

1. 开展全国性民族传统体育盛会

在全国少数民族传统体育运动会上,共有16个竞技项目,三大类表演项目展开角逐。它不仅成为我国民族传统体育文化展演的舞台,更成为我国各民族和谐团结、拼搏奋进的重要象征。第一届少数民族传统体育项目运动会成功举办以来,越来越多的少数民族群众参与其中,越来越多的少数民族民间体育项目被纳入比赛中。从第八届全国少数民族传统运动会开始，取消金牌榜，前八名的选手可以在同一个领奖台上领奖，在这种和谐友谊的比赛理念影响下，使各民族团结在一起，和谐友好相处。这样民族传统体育项目不仅被很好地保护，而且通过比赛的角逐使项目本身趣味性增加，这对民族传统体育文化的发展和传承起到了推动作用。

2.建立民族传统体育文化保护基地

国家为了保护原始的自然环境和濒临灭绝的动物建立起自然保护区，民族传统体育文化的保护工作可以吸取其宝贵经验，建立一系列传统体育文化保护基地，选拔优秀的继承人，开办民传教育班，培育民族传统体育文化的传承后代，改变民族传统体育项目后继无人的尴尬局面，形成民族传统体育资源开发和整理部门，发扬优秀传统体育文化，将其推向全国乃至全世界，使宝贵的文化得到发展。因此，民族体育基地的建立是非常有必要的，而且刻不容缓。

（二）民族体育文化的发展与传承

文化迅速变迁的背景下，对民族传统体育的批判继承和对现代体育文化的选择性吸收，是中国民族传统体育文化形成本民族特色又被国际社会认同的必由之路。现在的社会，任何一种文化形态的发展和开发都是以经济的发展为前提的。在中国社会主义市场经济和社会各方对文化保护事业的大力支持下，现在的任务就是选择中国特色的社会主义道路，大力发展和保护珍贵的民族传统体育文化。

1.发展电视媒体和网络信息等传播途径

电视、电脑的发展与普及给民族传统体育文化的发展提供了一条便捷而又广泛的道路。各具特色的传统体育通过一定的整理出现在荧屏上远比那些令人乏味的非黄金时段和重复播放的节目更吸引人民的眼球,通过这种方式让民族传统体育时时出现在人民的视野中,逐步走到人们的身边,加深人们对传统体育文化的了解与认识,同时能激起人民群众对传统体育文化的保护的热情。新兴媒体,如移动电视、数字广播、手机短信、网络、数字电视等作为技术支撑体系下形成的媒体形态,能将信息覆盖到全国的各个角落,快捷地传递信息,不同地区、不同民族的观众同步观看赛事转播,交流自己的想法与心得,这是一种全新的突破。

2. 加强项目创新

一种文化要想发展离不开创新,中国民族传统体育文化的发展也不例外。在民族传统文化的传承过程中,创新是唯一的途径,日本柔道、韩国跆拳道通过文化整合而走上奥运的先例给我们启迪和经验。相比之下,中国传统体育项目的保护与发展则模仿较多,创新较少。第九届全国少数民族传统体育运动会取消了金银牌的争夺,改为等级评判一、二、三等奖,这较具有竞争性和功利性特点的西方体育文化创新的一点,顺应了重视养生、重视人与自然和谐相处、重视天人合一的中国传统体育文化的核心思想。由此看来,创新才是中国民族传统体育文化发展的重中之重,但是创新需要资金和精力的投入,需要人才的培养和后备人力资源的储备。这就对政府和学校提出了新的要求。

3. 发挥学校和社会的教育功能

(1) 民族传统体育文化的保护与传承必须重视和突出学校教育

的作用

学校是社会有计划、有目的、有组织地培养人的专门场所，学校有专业的老师和丰富的体育设备，集前沿教学理论与教学内容于一体，学校是民族体育发展与传承的摇篮。经过专家的调查与研究，无论是中小学还是高校，民族传统体育都有作为教学内容的可行性，其发展空间较大。在学校中开展趣味性的传统体育项目，创编民族传统体育文化的教育读本，将民族传统体育文化渗透教学活动中，逐步形成学校传统体育教育体系。中国民族传统体育的理论体系薄弱，可供参考的理论相对较少，研究理论与方法有待提升，学校有研究能力较强的专家学者，有基础理论丰富的学习团体，这是民族传统体育文化理论大幅度扩展的有利因素。学校教育为民族传统体育项目推向全国提供了强大的智力支持。

（2）加强对民族传统体育文化的宣传力度，充分发挥社会教育功能

社区是社会教育功能发挥的基本单位，社区人群相对集中，居民价值取向易于整合。充分利用社区宣传栏、体育广场等场所宣传民族传统体育文化的相关知识，让人们了解传统体育，参加民族传统体育项目。民族传统体育与全民健身相结合是实现民族传统体育发展的另一途径，《全民健身计划纲要》深入实施，在全国范围内形成了一种前所未有的健身热潮，将民族传统体育项目中趣味性、表演性、健身性较强且易于开展的项目加以改造创新并与全民健身相结合，解决了全民健身场地、器材供应和无内容可练的困难。

五、高校体育文化与体育文化遗产的传承与保护

(一) 我国体育类非物质文化遗产保护的必要性

体育类非物质文化遗产作为人类文化遗产的重要组成部分,在人类文明的进化过程中起到了重要的推动作用。我们甚至可以从民族体育的发展的轨迹,看出人类文明不断进步、冲突、融合的痕迹。但是随着西方体育文化的不断强盛,世界上的民族体育活动都受到了或多或少的冲击。如何处理好西方体育和民族传统体育之间的关系及民族传统的体育的保护和发展问题,成为摆在我们面前的一个棘手的问题。

1. 保护和传承非物质文化遗产是人类文明进程的必然要求

无论优秀的传统文化还是先进的现代文明,都是人类健康成长的精神食粮。我国是一个历史悠久的文明古国,不仅有大量的物质文化遗产,而且有丰富的非物质文化遗产。保护这些非物质文化遗产,既是一个民族对历史的延续、智慧的张扬、情感的联结,也是扩展时代思想、提升社会格调、培植公众修养的有利途径。

2. 保护非物质文化遗产是保证世界文化多样性的重要保障

文化在不同的时代和不同的地方具有各种不同的表现形式。这种表现形式的多样性就表现为人类各族群和各社会特征的独特性和多样性。未来的世界和平只能建立在文明体系多元并立的基础上,因为只有在多元化的基础上实现的和谐,才是真正的和谐。

保护世界各民族的传统文化,是世界各国的共识,也是各民族的普遍要求。正如联合国教科文组织指出的:"尊重文化多样性、宽容、

对话及合作是国际和平与安全的最佳保障之一。"

3. 保护非物质文化遗产是实现社会可持续发展的重要举措

可持续发展是当代世界各国普遍关注的问题，也是科学发展观的重要组成部分。自20世纪80年代起，国际社会便提出了"可持续发展"的概念。20世纪90年代起，可持续发展问题提上联合国的重要议事日程，成为世界各国政要和学术界的共识。可持续发展就是要求我们珍视过去、立足现在、思考未来，我们不可只顾及眼前的得失、局部的厉害，而全不顾全盘局势。文化遗产给社会可持续发展提供了土壤和精神动力。

（二）体育文化遗产的继承措施

非物质体育文化遗产犹如乱石中的金子，在疯长的荒草和堆弃的瓦砾中散发着历史的光芒，如果精心收拾，依然能整理出精神文化的瑰宝，如懒于梳理，又会埋没于匆忙的岁月。所以，非物质文化遗产的保护已是迫在眉睫的事情，我们应该坚持"非物质文化遗产保护的基本方针是贯彻'保护为主、抢救第一、合理利用、传承发展'"。诚然，物质文化、制度文化和精神文化是文化的三大层次，而精神文化属于文化深层次，常被人们认为是文化的核心层次。核心精神的变化常常会引起多重的反应，会波及人们生活的很多的领域。因此，如何继承和保护就显得格外重要。

1. 重点加强区域性保护为主

从非物质文化遗产的地域分布特征来看，不同的地区其文化遗产是不同的，而且不同的因素是多方面的。非文化遗产是一个地区历史积淀的结果,与本地区的民俗、习惯、风俗、信仰有很大关系。地区的差异本质上是文化的差异。我们强调非物质文化遗产的保护,首要的一点是对地区文化的认同,这是一个最基本的认识。在此基础之上才有可能对非物质体育文化遗产进行继承和保护。

2. 文化延承是非物质体育文化遗产的根本

中国自古口传心授的文化由于广泛公之于世而造成了如今文化的大面积的缺失。文化延承的主线在于青少年,为什么发达的地区没有珍贵的文化遗产,而大多数的文化遗产保留在少数民族地区和落后偏远的地区,原因之一是这些地方受到的现代西方文化的冲击较少。世界非物质体育文化的繁荣,最基本的还是继承和发扬光大。文化的延承是非物质文化遗产的生命线,是代代相传的基础。我们期待着有更多的人去走向民间、走向田野去整理失落太久的文明,那将是最大的文化延承。

3. 建立法制体系保护

我国的非物质文化遗产保护只有个别单项条例和地方性条例,尽管我国已正式加入联合国《保护非物质文化遗产国际公约》,但我们还应该尽快建立自己的法律制度,从法律和制度的角度保护珍贵的非物质文化遗产资源,来健全法律法规体系。

4. 加强国民教育,形成自觉保护意识

通过向公众,尤其是向青年宣传和传播信息的教育计划;有关社区和群体的具体的教育和培训计划等途径使非物质文化遗产在社会中得到确认、尊重和弘扬。教育是产生文化认同的动力。历史表明,经

济全球化趋势与非物质体育文化遗产流失成正比，教育的保护应该是多条主线，不仅仅局限在学校教育。这种教育要面向全社会，形成大家共同的认识意识，因为体育文化遗产具有不可复制性、不可再造性和民族特有性。

第五节　高校体育文化现代化

民族传统体育——我国优秀的民族文化之一，内容丰富多彩，形式多种多样，其功能具有休闲娱乐、养生保健、竞技等，但其现代化与全球化却举步维艰。本节提出了整合民族传统体育文化，冲破禁锢、打造现代化环境，实现基本理论与方法体系的标准化，实现竞赛和普及相结合的"两条腿走路"等实现民族传统体育未来发展的具体设想措施。

一、体育文化的现代化转型

现代体育的兴起是文明社会的重要标志。实现体育现代化，是一个历史过程，是中国现代体育的基本走向。中国传统体育与现代体育的糅合、并驾齐驱，是中国体育现代化的基本特点。

（一）中国传统体育与近代体育的糅合

中国作为拥有上下五千年历史的文明古国，其文化也是源远流长、博大精深。文化范畴广阔，体育文化也是其不可或缺的一部分。体育文化反映了体育的整体面貌，通过各种体育活动得到具体展现。体育文化在当今不仅能体现出个人素养，也能展现出小到一个多人集体，大到一个国家的整体风貌，因而体育文化在当下有着越发重要的地位。"体育"这一术语并不是我国故有的，它是从国外传进来的。在我国使用"体育"这一术语之前使用的是"体操"这一词。这一词义与现代体育运动项目的"体操"不同，它泛指整个体育。在我国古代还未出现一个可以概括所有体育活动的概念或术语，没有一个与今天"体育"完全相同的概念。类似"体育"词义的，有"养生""导引""尚武""习武"等等。

1. 遵循礼

"礼"是中国传统文化价值体系的中心范畴和文明进化的主旋律。孔子是中国礼文化的集大成者，他提出"不学礼，无以立"，把一切都纳入礼的轨道，所以体育文化活动也不例外。中国古代体育是传统文化的一个组成部分。如盛行于唐代的"十五柱球戏"，柱子上就分别标有"仁、义、礼、智、信、温、良、恭、俭、让"等红字和"傲、慢、佞、贪、滥"等黑字，木球击中红者为胜，击中黑者为败。这个小游戏充分表达了娱乐活动中的道德规范和价值观念。

2. 内外兼修

中国古代体育由于受这种思想的影响，偏重在修身养性、陶冶性情上下功夫，不像西方古代体育追求人体美，追求力量、速度。在中国古代的典籍中描述最多的古代体育莫过于武术和养生运动，这两种运动都有着深层次的哲学思想、成熟的习练方法、完美的艺术形象。注重武德、内外兼修、神形兼备历来是习武者的第一要义。在整个武术运动的习练中无处不突显出自强进取、自我修养、人格完善的传统文化精神。愉悦身心、宣泄情感、调情养志同样是中国古代体育所具有的文化功能，民间体育和女子体育尤甚。

3. 具有艺术性

比如西周时的"礼射"，不只是单纯的射箭表演和比赛，而且还按等级配有不同的音乐，这可以说既是古代的体育，又是古代的艺术。还有中国武术的发展，最初的武艺主要是在军事战争中形成和发展起来的。后来，当它逐渐脱离了军事而独立存在、自成体系时，它的艺术性也就越来越高。除此之外，中国古代体育中其他项目，如剑舞、龙舟竞渡、秋千、蹴鞠、滑冰等，也都追求形式美和艺术性的表现。

（二）全球化背景下的中国体育文化

全球化是非蓄意和非预期的全球性效应，而不是全球性倡议和行动。我们一方面把流动自由权赞颂为全球化的最大成就和它不断繁荣昌盛的保证，而另一方面我们又经常剥夺他人的这一权利。在全球化视域下对中国体育发展的哲学思考，"不再仅是追求唯一的真理，或者是追求普遍的共识，还可以从不同的背景进行各种探讨，去扭转人人习以为常的思维"。"人的发现"和"人文精神的反思"是人类永恒的两大课题。反思全球化下中国体育的发展，不是一味地批判全球化，也不是全盘接收全球化。

（三）全球化过程中中国体育文化获得机遇

1. 全球化为中国体育文化走向世界奠定了基础，提供了契机

文化在互通的同时，也形成对比和竞争，彼此促进发展，但这并不影响它们的接触和交流。全球化正是在这样一种平台意义上，为中国文化和体育文化发展奠定了良好基础，提供了有效契机。中国体育文化植根于华夏大地，是中华民族文明的璀璨结晶。中国文化追求人与自然的和谐，"天人合一""道法自然"等文化理念是与世界文化、西方文化相一致的，有着殊途同归的人类文化旨趣。中国文化中追求辩证思维、讲求人伦道德等积极内容也给西方文化很好的借鉴，起到了良好的文化发展补充作用。

2. 全球化过程中增进了体育文化民族主体的自信心和自尊心

殖民地时代的中国，民族主体在文化上更多的妄自尊大，是屈辱的自大；新中国创建初期，我们更多的是忙于百废待兴的文化梳理和初级认知；到了20世纪80年代，不幸又出现了失去理智的文化"狂热"。在20世纪90年代以后，随着全球化认知的理性化和科学化，人们才充分意识到了自身民族文化的科学定位及发展趋势。一定意义上讲，全球化不仅为民族文化和体育文化提供了平台基础，提升了民族自信和自豪感，同时也为中国文化和具体的体育文化发展指出了一条通天坦途。

二、高校体育文化现代化的发展策略

在我国大多数高校课堂教育中,都将体育教育划分为副科,没有给予充分的重视。因此要想切实提高体育现代化发展目标就要求教育部门重新修订教学大纲,把体育教育作为基础的学科来进行系统的课堂教学,并且要保证学校体育教学的质量。可以采取一些具体措施来配合学校体育教学的实施,如规定文化课不及格可以进行补考,如果体育课达不到要求不可以补考,这样严格的规定势必会提高学生对体育课的重视程度。

(一)高校体育教育现代化的必要性

由于受过去封建统治的影响,中国对人的研究还远远落后于西方发达国家,这也是我国迫切需要改进的任务。中国现代化建设是以市场经济发展为前提的,那么我国的体育教育现代化的发展就不可能脱离中国的基本国情。只有正确地看待本国存在的不足与合理汲取世界各国的优秀文化,实现中国特色体育现代化的理论,才能使中国体育现代化与体育现代化教育有更好的发展,最终将中国的完美形象展现在世界的大舞台之上。我们已经认识到,盲目地追求西方文化对于建立现代化体育教育是错误的,适当借鉴外来文化,以本国文化为主导来构建现代化体育教育才是发展的根本。众所周知,文化是一个民族经过几千年沉淀下来的巨大财富,民族文化可以反映一个国家的特征。改革开放政策的实行,将中国推到了世界的历史舞台之上,中华儿女已经成功地把中国文化展现给世界。

（二）高校体育教育现代化发展的策略

1.体育教学思想现代化

教育思想现代化即教育思想主动适应社会变革，对教育建设具有超前意识，它包括人才观、质量观、教育价值观、教学观、师生观，并在教学实践中身体力行，使之成为全体教育工作者的自觉行动。就体育教育学而言，应从单一的生物体育教学观转变到多维的体育教学观；从传统的以体育知识技能灌输传授为中心转向以培养学生自主学习、自主锻炼、发展独立思考能力和创造能力为主的体育教学，从多元化、全面性、发展性的教学目标出发，从体育教学的生物，社会教育、心理方法论等多重原理出发注重不同年龄段学生在体育知识、技能、体育兴趣及体育价值观的培养；改变人为地用心率、密度等生物学科的知识和方法来评定任何体育课的思想。而现在许多学校的室外体育优质课的评判，许多教师并不是关心该课是否使学生在愉快的身体运动中学到了哪些东西，而是忙于测量学生的心率测算该课的密度，使学生如临大敌，根本谈不上在愉快中运动学习，简直是在表演，整个体育课如果达不到预定的心率和密度，即使该课愉悦了学生的身心，增强了学生的体质，也与优质课无缘。以上思想有的已深深根植于体育教师的头脑中，甚至成为某些教师的自觉行动，所以这些对体育教学的改革极为不利。

2.体育教学内容现代化

用先进的科学技术来充实技工学校的教育内容，强调教材要反映出现代科学文化的先进水平。因此教育内容的精心优选、科学搭配是

第四章 高校体育文化的传承与发展

教育现代化难度最大、影响最广泛的基础性工作。现在的体育教材内容多而杂，而且缺乏年龄、性别、专业的特点，教学内容陈旧，只重视知识本身不重视知识的更新和选择的针对性，教材内容脱离群众体育内容，如铅球运动项目从小学就开始学习直到大学还在学习，真正走向社会之后没有人手里握着铅球在社区或公园进行锻炼，诸如此类的教材内容屡见不鲜，现代体育教学内容应重视多种教学内容的综合，体现终身健身的需要；注重基础理论内容与运动技能内容的合理搭配。注重体育教学内容的科学性、时代性、全面性与民族性，而现在的体育课教学很少体现出民族性，许多传统的有价值的运动内容被安排在教材的选修部分或占必修教材的一小部分，而且必修教材多被竞技体育动项目内容所取代。

因此，在内容的选择上注意继承与创新的结合。理论课教材应选择有利于强化学生健身意识、增强体质的知识，以及养护身心理论和方法等方面的内容。同时，应该抱着发展的实事求是的观念来扬弃传统的教学方式、方法，充实学校体育教育的文化价值与观念体系，实践课教材应打破以竞技运动为中心的教材体系，选用具有较高锻炼价值和终身效益的民族传统体育项目等个体练习教材，培养学生科学锻炼养护身体的能力。

3. 体育教师队伍现代化

体育教师队伍的现代化是体育教学现代化的核心因素。现代化的体育教师应具有一定的体育知识技能技术等专业素质，掌握现代教学方法、新型教学设备的操作技术和一定专业外语，具有正确的人才观、教育观、师生观。

我国现有的体育教师队伍不论是学历层次，还是知识结构层次都不容乐观，不管是幼儿园学生还是高中学生、大学生都是千篇一律的"立正""稍息""齐步走"，使儿童教育成人化、无趣性，成人教育无特性，而且绝大部分体育教师缺乏驾驭现代化教学设备能力，运用先进的信息工具获取各种体育信息的能力更是极为贫乏。这就要求体育教师不仅要注重提高自己的学历层次，更要注要不断吸收新知识，更新知识结构、学会改变体育教学工作中形成的传统工作习惯与思维方式，用现代教育思想与理论武装自己，使自己的观念和认识得到提高。

4.体育设施现代化

（1）电子计算机的运用

在对运动员进行训练的时候，电子计算机是教练最常用的工具，教练可以把运动员的生理状况通过编写程序输入计算机中，根据队员的自身情况制订针对性较强的训练计划。在竞赛的时候，电子计算机能够综合运动员各项结果，预测出运动员在下阶段比赛中可能表现出的状态，这样就可以给教练足够的实践来制定准确的战术。在现场比赛设备布置方面，电子计算机常常和记分牌相连接，计算机的应用不仅能够提高记录的准确性还能自己排列出名次，最重要的是可以将比赛成绩转化成信号传送到荧幕上。

（2）激光、电子设备的运用

在训练过程中随处可以见到激光、电子设备的运用，比如录像机、摄像机、立体摄影仪等，这些设备的应用可以从不同的视角来记录场上队员的表现，以便在赛后进行正确的技术分析，同时也能够给观众清晰地呈现出不同场地的不同镜头的切换。

（3）电子遥测技术的运用

在体育科研中随处可见心率、心电等遥测设备，可以随时监控运动员在训练时的身体各项指标的改变，合理地安排运动量。在比赛过程中，教练员可以通过电子遥测技术对运动员进行场外指导及时纠正错误，从而取得预期的效果。

目前，我国对外体育交流工作取得了令人瞩目的成绩，我国体育事业取得了巨大发展，但是在未来的体育现代化发展中，我们还要通过各方面的不懈努力来不断加强国际体育交流与信息搜集，实现体育教育现代化走向全世界。

第五章 民俗体育文化的传承现状与现代化传承路径

第一节 民俗体育的文化特征

一、地域性与民族性

民俗体育文化，在运动形态上，依托体育之形式；在行为起因上，缘于民间风俗习惯；在行动规范上，源于人们的生产生活，因此，它与各地的风俗人情、生产方式、生活方式联系非常紧密。我国幅员辽阔、民族众多、气候多样、地形复杂、地理环境差异显著，使得我国不同地域的人们的生活习俗不同、民情风俗不同、生产方式不同，生活理念与追求也不同。各地区、各民族人民创造的民俗体育活动的形式差异也较大，而且每项民俗体育活动都有着深厚的群众基础。如蒙古族的生活离不开草原和马匹，形成了蒙古族"男儿三项游艺"的民俗体育活动，即摔跤、赛马、射箭，这与蒙古族的地域环境、放牧生活息息相关；又如藏族特有的赛牦牛、大漠的赛驼、北国的冰嬉、山地的竞走等民俗体育项目，均具有鲜明的地域性和民族性特征，反映了各民族、各地域的人们在长期的发展过程中、在相对固定的生活方式中，人们的心理状态、民族意识、民族归属感，使每个民族成员强烈地感受到自己属于"这个民族而不属于那个民族"的心理定式。可见，民俗体育文化的民族性主要表现在它的民族文化底蕴中和民族心理认同感上，而民族文化底蕴和民族心理认同感又源于民俗体育的地域性与民族性特征。

二、享受娱乐性

民俗体育文化的产生、发展、繁荣，与人们的精神需求、心理需求、情感体验等因素高度相关。人们在生产、生活中的各种思想物化品为民俗体育的产生、发展奠定了物质基础，这是文化创造的开始，是民俗体育文化内涵的精华部分，也是民俗体育文化产生的源泉和发展的动力。秧歌、腰鼓、采茶舞、踩高跷、射击、摔跤等都产生于人们的生产、生活中，满足了人民群众在创造物质财富过程中的精神需求，给予人们精神享受，满足了人们的审美需要。广大民众在感受到身体运动的愉悦时，也体验到了民间民俗文化传递的和乐、和谐、礼让、团结、质朴等主题思想。

当人类在自然环境中开始文化创造活动时，即使是最粗糙的简单文化，也是从自然存在物的直接加工开始的，而文化成果又建立在生产资料和生活资料的物质劳动的过程中，其技术、社会和价值方式都作为相当复杂的文化体系而存在。在社会的更迭、历史的发展中，人们在生产资料、生活资料的生产劳动中创造了内容丰富的民俗体育文化，民俗体育文化涵盖生产、生活、信仰、民风民俗、狩猎、骑射、渔业、商业、交通、服饰、饮食等方面，通过人类的代代传承，给人们提供娱乐享受。

三、民间规约性

民俗体育及其文化孕育、产生于人们的实践活动中，其演变受到民众的意识形态、行为方式的影响。民俗体育形成后，它不仅成了人们生活的一面镜子，照射出民众的精神文化、物质文化的生活状态，而且也是人们生活的重要组成部分，丰富了人们的生活内容。具体的民俗体育事项几乎都没有书面成文的活动规则，没有正式的裁判，民俗体育活动之所以能自发地正常有序开展，就是因为人们共同遵从的文化习俗、乡规民约、民间组织在其中起着重要的调节作用。这使得民俗体育活动表演和比赛在活动的准备、场地的布置、选手的服装、道具、活动路径、经费筹集等各个环节被安排得井井有条，乡里乡亲和睦相处，且活动目的也符合当时的人们的期望。民间规约性在人们的意识形态、心理层面烙下了深深的印迹，民俗体育文化的影响力和凝聚力植根于人们的心灵，成为人们遵从约定俗成的活动规则的核心要素。

四、传承与变异性

农耕文化是我国早期各个时代的主要文化特征，人们在生产劳作之中、收获之际，以歌舞、鼓乐、角力、射击、打斗等形式自娱自乐或者相互娱乐，创造了内容丰富、形式多样的民俗体育活动，使得人们的思想交流更加便利与频繁，使意识形态达到一致性。在一定的区域范围内，民俗体育文化主要以口头传授的形式进行传承。如南宋淳熙的《新安志》中就有"山限壤隔，民不染他俗"的说法，意即在相对封闭的地理环境中,农村居民逐渐形成了自己独特的风俗和习惯。

随着历史的变迁和社会的繁荣与衰落,人类在地域间不断迁徙,人类的迁移带来了经济、文化和技术的交流与融合。总体来看,生产力在不断提高,人们的物质生活越来越丰富,民俗体育活动逐步融入民众的日常生活中,民俗体育文化也日益兴盛。

五、民间礼仪性

民俗体育文化植根于我国农耕社会,与农耕文明息息相关,是劳动人民情感、信仰的载体,也是劳动人民习俗、礼仪的传承载体。中国是一个崇尚礼节、注重礼节的国家,素有"礼仪之邦"的美誉。礼是一种美德,渗透于人们日常生活中的点点滴滴,具体涉及衣食住行、生死嫁娶等方方面面,且人自出生起,就在各种礼俗中成长,如出生时的"抓周礼"、成长至十八周岁的"成人礼"、老年人的"寿礼"。在社会生活中,父子间要"上慈下孝"、兄弟间要"兄友弟恭"、夫妻间要"相敬如宾"、朋友间要"谦恭礼让"、邻居间要"守望相助"等。

六、天人合一性

劳动人民创造和传承的民俗体育文化生动地再现了广大民众的精神诉求。民俗体育文化久经沧桑,凝聚着历代劳动人民的智慧和情感,以群众喜闻乐见的形式传承下来,经久不衰;民俗体育文化依附于民间民俗事象,蕴含着人与自然、人与社会、人与人之间"和谐"相处的理念。

"天人合一"的概念最早是由庄子阐述的,后被汉代儒家思想家董仲舒发展为"天人合一"的哲学思想体系。"天人合一"的观点认为，宇宙自然是大天地，人则是一个小天地。人和自然在本质上是相通的，故一切人事均应顺应自然规律，达到人与自然的和谐。人们模仿自然界中的动物，创造了五禽戏、鹿戏、大雁功、蛇拳等健身方法。这些健身方法简便、易行，人们在自然环境中锻炼，调节人的生理状态和身体状况，达到强身健体的目的。"思维反映存在，物质与人以及物质之间是和谐统一的"，是"天人合一"思想的主旨。很多具体的民俗体育事象，如清明踏青、重阳登高，是人们遵循"天地气交"的自然规律的体现，是"天人合一"思想的实际运用，是人与自然和平共处原则的体现，表达了人们热爱生命、热爱自然、回归自然的意愿。

第二节 民俗体育的文化功能

一、承载优秀传统文化

广义上讲，文化是人类精神生活与物质生活的总和。我国的传统文化是相对于当代文化和外来文化而言的，它一般是指文明演化而汇集成的一种反映民族特质和风貌的文化，是各种思想文化、观念形态的总体表征。中国比较有影响力的传统文化有儒家、道家、墨家、法家等。儒家文化追求对人、对社会的认识，以及对社会行为规范的追求，即"仁、义、礼、智、信"。民俗体育文化以民间的思想、文字、语言、技艺等形式，融入人们的日常生活中。在传统节日、婚嫁礼俗、丧葬、祭祀等特定日子里，人们通过举行隆重的表演、庆祝活动和纪念活动,以民族音乐、戏剧、歌舞、杂技、对联、灯谜、酒令、歇后语、服装、饮食文化等内容,表达人们生活和乐、安康幸福及人们的审美情趣和忠孝观念等,教化公民遵守社会公序良德、爱国爱家、平等友爱、和睦共处、乐观积极等道德规则。我国福建著名的妈祖民俗体育文化以妈祖信俗为核心。妈祖文化作为海洋文化的代表,与沿海地区的渔民密切相关,妈祖文化现已是印度尼西亚、马来西亚、菲律宾、新加坡、泰国、越南等21世纪海上丝绸沿线国家重要的民间信仰,推动着各个国家的文化交流与融合发展;妈祖文化信仰圈的互信互敬也进一步推动着各国经济的深度合作。民俗体育活动承载着我国优秀的民俗体育文化,传播着传统的教化思想。今天,在我国发展社会主义先进文化的过程中,对民俗体育文化进行动态传承与创造性发展,不仅能增强民众的凝聚力,还能进一步加强我国的物质文化、制度文化和精神文化的建设。

二、培养民族文化认同感

中国人在传统节日期间的传统习俗是举行隆重的民俗体育活动,增添节日祥和而热闹的气氛,传播团圆、忠孝、关爱、和睦、和谐、发展等民俗体育文化内涵。在伦理观念、价值观念相同的同一文化背景下,中国的传统习俗培养并形成了人们对民族文化的认同感,如春节期间的闹花灯、舞龙、舞狮,端午节划龙舟,中秋节舞火把,泼水节泼水,就是人们共同的文化认同感的直接体现。

中国人重情重义,尤其重视亲情、友情。在中国的传统节日里,中国人的情谊表现得浓烈而真挚,人们走亲访友,共同祝福,道喜问好，倾诉关爱之情。春节，全国人民共同庆祝国泰民安、祖国和平繁荣，家家贴对联、穿新衣、放鞭炮、请财神，处处呈现喜气洋洋的景象，举办各种民俗体育活动庆祝春节。端午节是纪念屈原的传统节日，追怀华夏民族的高洁情怀。人们在这一天吃粽子、赛龙舟，挂菖蒲、蒿草、艾叶，薰苍术、白芷，喝雄黄酒。2008年，端午节成为国家法定节假日之一，并被列入世界非物质文化遗产名录；中秋节是中国人团圆的节日，赏月、吃月饼是人们公认的习俗，也是人们喜庆丰收、祝愿家庭团圆平安、民族团结奋进、国家统一安定、社会和谐稳定的佳节。

民俗体育活动是在民间广泛普及、民间本土居民擅长且喜爱的运动项目，人们参与的积极性较高，形成了共同的心理趋向性。久而久之，民俗体育文化浸入人们的心灵，并形成守护精神家园的文化自觉。

三、弘扬民族精神

民俗体育活动是民间最普及的娱乐健体方式，也是民众精神寄托的主要载体，其内容涉及生产生活、社交娱乐、纪念先祖、祭祀神灵、驱邪祛病等多方面，表达了人们的祈盼、思想、信仰、道德、情感等，成为广大民众享受精神生活的重要途径；民俗体育文化记录着各地区、各民族丰富而多彩的社会生活文化内容，承载着我国数千年的农耕文明的文化成果。例如，春节是中华民族最隆重的节日，也是民俗体育行为文化活动形式最丰富最集中的时期，包括祭奠、礼仪、表演、技艺、艺术、游戏等方面，这些丰富多彩的行为文化又折射出民俗体育的物质文化和精神文化丰厚的文化内涵。

在日常生活中，人们进行民俗体育的健身、娱乐、表演等时，礼貌相待，谦逊有礼，语言交流讲究分寸，显示出和蔼、平等、宽容、接纳、谦让的民族情怀与精神品格。随着时间的推移，这些优秀品格成了人们性格的一部分。民俗体育汇集民智、宣传民德、尊重民意、凝聚民心，发展着本民族体育文化的个性，形成了本民族体育文化的特色，培养了人民眷恋乡土、热爱家园、和睦相处、互敬互爱的情怀，传播着尊重祖先、崇礼重教、遵从伦理道德、发扬传统美德的优秀民族文化，弘扬了不屈不挠、团结互助、勤劳苦干的民族品格和民族精神。

四、促进社会和谐稳定

民俗体育产生、发展于人类的生产实践，与人们的物质生产方式、思维方式、行为方式、生活习俗息息相关，并随着社会生产的发展和人们生活水平的提高而日趋丰富，且在人们的生活中发挥着越来越重要的作用。民俗体育活动尊重人的活动自主权，使人的身心在健康的体育生活方式中得到锻炼，使人感到舒畅、愉悦；同时也能缓解人们在劳作中的劳累感，使人们单调的生活内容有了改变，变得更丰富；还可以促进群体间的交往，拉近彼此的心理距离，让人在互帮互助中形成乐观开朗、积极向上的心态；有利于提升群体成员的人文素质，从而达到端正社会风气、抑制社会不良习惯的产生的效果。

社会的发展中往往伴随有一些不平衡、不和谐的问题，妥善解决这些问题往往能加速社会的健康发展，创造更和谐的生活局面。民俗体育活动往往是解决这些问题的载体。例如，乡村人的宗族观念根深蒂固，在遇到矛盾、纠纷时，会出现大姓宗族势力欺压小姓宗族势力的情况，纠纷多以不公平的结局而不了了之，人们心里的怨恨因此越来越多。因此，乡民间产生误解在所难免，误解之后是"解"还是"结"，这与人们的认识、态度、行为关系极大。

民俗体育活动，特别是节日期间的大型活动举行时，乡里乡亲共同参与，人与人之间的互助与合作拉近了人们之间的心理距离，"低头不见抬头见"的局面增加了人们之间的亲切感，可谓"一声恭喜，互泯恩仇"，无形之中淡化了人们之间的矛盾，化解了人们之间的误解。乡邻间的矛盾化解方式有很多，民俗体育活动因其共同的娱乐性、共同的心愿，更能促进人们之间的心理认同感，达成和谐的互助关系，使人们更愿意为本乡、本地区的荣誉而共同努力。民俗体育在满足人们的健身和审美需求时，以其天然的亲和力与感染力，教化民众热爱本土的风俗、文化，促进乡村社会的稳定与和谐发展。这些"相对统一的活动行为模式较为集中地体现了社会调控的需要，并作为一种文化手段调控着社会关系"。

第三节 民俗体育的文化价值

一、文化传承价值

现今社会依然盛行的龙舟文化、舞龙舞狮文化、骑射文化、风筝文化、花鼓文化、妈祖文化等民俗体育文化，均源于我国农耕社会的实践劳动，是我国农业文明的文化见证。孕育于我国远古时代的民俗体育文化主要与当时的社会环境中人们的价值观念、宗教信仰、心理需求有关，也与当时的地理环境、生产力水平、生产方式、生活方式息息相关。一生致力于文化研究的马林洛夫斯基认为,"文化心理存在的基础是人的需要"。随着社会的发展变迁,社会形态也发生了改变,工业社会的工业文明、传统的农耕文化也在向现代农业等现代文明的方向转变,民俗体育赖以生存的基础环境也在不断变化。古老的村落、山寨变为新型社区、新农村,纯手工劳动被部分机械化、自动化生产方式代替,人们的生活方式也随之发生改变。然而,民俗体育在人们的创新、改造中依然呈现旺盛的生命力,项目繁多、内容丰富,深受人民群众的喜爱,说明了民俗文化传承功能的强大。如赛龙舟,规模庞大、仪式隆重、服饰讲究,热闹的氛围衬托出人们对"龙"的敬仰与崇拜、对龙文化的信仰与执着。民俗体育文化历经时世的不断变化,经过代代人的传承,依然扎根于人们的心灵深处,继续发挥功效,增强人们的民族自信心、自豪感。今天,在我国建设体育强国的进程中,民俗体育文化依然发挥着强大的文化传承功能,依然起着提升我国文化软实力的作用。

二、文化共享价值

文化是民族的血脉,是人民的精神家园,是推动社会发展的重要力量。我国勤劳、朴实的劳动人民在以地方的、民族的礼仪和仪式等为重要内容的各种民俗事象中,创造了丰富多彩的、具体的生活文化。在特定的时空关系中,通过民俗体育表演、传媒、电影、电视等形式进行传播,表达了普通民众的诉求、信仰、喜悦、思想、道德、理想等,复述和延续着他们的集体社会记忆和情感。

民俗体育文化承载着地方的风俗、礼俗和民俗,记载着地方的历史，历经岁月洗礼，沉淀于人们的心灵深处，又与时代共发展，在传承中不断创新，被社会群体共享，为社会发展献力。民俗文化元素通过科学、艺术的形式，融入现代经济、时尚等领域，成为在文化上受尊重的社会主体。手工刺绣原是乡村地方传统的手工艺品，绣花枕头、衣服、花鞋子等现在却被用在了奢侈品装饰、手机产品的套包上，成为不同群体共享的公共文化。近10多年，非物质文化遗产保护工作实际上可以简化为大规模地依托国家体制从日常生活中发现公共文化的过程，民俗已经在大量提供公共文化了。民俗成为非物质文化遗产，就是成为合法的公共文化。

中华民族是个骁勇善战、热爱和平的伟大民族，中国劳动人民向来具有勇敢、刚强、自尊、自爱、不屈不挠、开拓进取等精神品质，这种民族特性和民族精神得益于中华民族古老而传统的民族文化的浸润与滋养。民俗体育文化作为民族传统文化的有机组成部分，它们相互作用、彼此依托，为各族人民共享，起到树立民族自信心、增强民族自豪感的作用。

三、文化开发价值

民俗体育文化开发价值体现在以下方面：其一，体育文化是一种软实力，当体育文化与科技加工手段和商业营销理念糅合在一起的时候，它就会爆发出巨大的经济效益，成为一种硬实力；其二，民俗体育文化和其他文化一样反映了一个时代、一个国家或民族的特征，规范着人们的体育行为，也影响着人们的价值观念；其三，民俗体育文化是带动地方人参与体育运动的基础，是地方人的精神支柱，也是人与人之间的联系纽带，使地方充满朝气。

在文化全球化背景下，民俗体育文化的民族性、传统性、多样性、趣味性将成为国家文化多样性的重要标志。民俗体育文化把"人"作为文化载体进行传承、传播，为广大民众所享用，有利于提高人们的鉴赏能力与审美水平；民俗体育文化的产业化通过提供文化产品、文化消费服务的方式，融入人们的现实生活中，提高人们对民俗体育文化的认知程度与参与程度；民俗体育文化具有潜在的商业价值，通过开发与运用，能产生可观的经济价值与社会效益，为现代文化的发展注入新的生命活力，为实现体育产业的经济功能而发挥巨大的作用。

我国是统一的多民族国家，异彩纷呈的民俗体育文化资源为体育文化的产业化发展提供了充足的条件。在国内外大力发展体育产业时期，民俗体育文化的产业化发展是时代赋予我们的使命，谋求民俗体育文化的产业化发展策略是民俗体育文化保持"话语权"的新思路，挖掘民俗体育文化的产业开发价值是传统民俗体育文化参与经济发展的创新发展路径。民俗体育文化走产业开发道路，将成为我国国民经济的重要的增长点，将对我国体育的产业化的实现做出巨大贡献。

四、文化教育价值

文化教育是一种社会现象，是人们在长期的生产劳动的创造过程中形成的产物，同时又是一种历史现象。确切地说，文化是一个国家或民族的历史、地理、风土人情、传统习俗、生活方式、文学艺术、行为规范、思维方式、价值观念等的统称，是人类在社会历史发展过程中所创造的物质和精神财富的总和，它包括物质文化、制度文化和心理文化三方面。

民俗体育文化教育人的方式主要有三种，即物质文化的保障作用、制度文化的规范作用、心理文化的感染作用。物质文化与"非物质文化"相对，是指为了满足人类的生存和发展需要所创造的物质产品及其所表现的文化，包括饮食、服饰、建筑、交通、生产工具及乡村、城市等，是一种可见的显性文化，如蒙古包、壮族的干栏建筑、窑洞、汉服、三国时的独轮车、殷商和西周时的两轮车，等等，这些是民俗体育文化中物质文化的表现形式。制度文化指生活制度、家庭制度、社会制度等。民间的礼仪俗规是民俗体育文化中制度文化的主要内容，以不成文的、具体的、非正式规范的方式，规范着社会群体中绝大多数人公认的行为准则，决定着个人或群体在特定的情况下应该做什么、不应该做什么，并对违反者有特定的惩罚。心理文化指文学、哲学、政治等方面的内容，如思维方式、生活方式、风俗习惯、宗教信仰、审美情趣等。民俗体育文化中的制度文化、心理文化属于不可见的隐性文化。在社会法治条例不完善时期，其规范作用、感染作用是维持社会稳定、调节社群关系的主要手段。我国的民俗体育文化是传统文化的组成部分，在具体的活动中，倡导团结，倡导有秩序的组织化和群体化的生活，而维系这个群体的核心观念就是个人的修养——德。在各种民俗体育活动中，人们本能地重演先辈的活动模式，传承古老先祖的风俗，他们乐于表达自己的主观愿望，相信自己，也相信群体、相信对手，既维护了参与活动者的心理健康，又塑造了质朴而闪耀的人格精神，使仁义道德的教化作用代代相传。

文化、体育、教育的均衡发展，是时代发展的要求。在学校体育教育中，以体力和体能为本位的威慑力训练，将儒家所提倡的仁爱思想与体育运动有机地结合在一起，可以更好地培养年轻人的强者心态和爱怜众生的仁爱之心，学校体育教育提倡量力而行、诚信待人的为人处世原则，利于学生树立正确的人生观、价值观，发挥德育教育的功能。民间民俗文化进课堂，既丰富了课程的内容，又开拓了民俗文化的传承渠道，让更多的年轻人学习民俗体育文化，领悟其文化内涵、民族精神品格，对培养学生的爱国思想、爱民族情怀具有现实的教育意义；也有利于学生建立务实创新精神，建立"仁义"与"孝悌"的核心道德思想，建立人与自然和谐共生的精神追求，从而达到强化民族认同感、弘扬民族精神的目的。

第四节 我国民俗体育文化传承的制约因素

我国优秀的民俗体育文化既是民族振兴的精神动力，又与时代的使命与人民的追求息息相关。在经济全球化和发展社会主义市场经济的背景下，我国丰富多彩的民俗体育文化面临着其赖以生存的原生态环境遭到严重破坏的局面。很多民俗体育项目被冷落或呈现边缘化发展态势，只有少数项目成功发展为竞技比赛项目。下面从文化构成的三个层面，即文化的物质层面、制度层面、精神层面，来具体分析我国民俗体育文化的现代发展状况。

一、民俗体育物质文化层面存在的问题

民俗体育的物质文化层面是由物化的知识力量构成的，是人的物

质生产活动及其产品的总和,是可感知的、具有物质实体的文化事物。民俗体育文化在传承的物质文化层面存在资源配置危机,主要影响因素包括财力、人力、活动空间三个部分,具体表现为资金短缺且难以到位、传承人匮乏或出现断代、文化生活空间减少。作为非物质文化遗产,我国的民俗体育要想获得抢救性保护和传承发展,就要有必要的资金支持,这是前提条件,而且在很大程度上影响着它的传承效果。

联合国教科文组织设立了世界遗产基金,我国印发了《国家非物质文化遗产保护专项资金管理办法》,各省也非常重视非物质文化遗产项目的资金投入问题,而且制定了相关条例对传承人进行资助。可在现实中,非物质文化遗产项目众多,资金投入难以面面俱到,特别是偏远的农村地区、山区和一些少数民族地区,普遍存在保护经费不足的现象。专项保护资金难以维持非遗项目的正常开展,有些非遗项目走向边缘化发展态势或逐渐消失。民间组织的资金来源也很有限,农村地区的非物质文化遗产项目保护活动难以得到赞助商的经费资助。

在传承人方面,从首批非物质文化遗产传承人的信息中了解到,大部分传承人收入不高,年收入在1万元以下的约占32%,1万~3万的约占47%,3万~5万的仅占12%。45.5%的传承人没有社保,27.6%没有医保。这极其不利于非物质文化遗产的传承和保护。民俗体育的传承方式向来以"口传身授"为主,传承人是民俗体育传承的关键。现代社会的多元化经济发展模式打破了以农耕经济为主的单一经济模式,年轻人不再以耕作为主,而是外出创业或打工,这使得民俗活动的人才储备不足。年轻人接触更多的是现代文化,其传统文化

第五章　民俗体育文化的传承现状与现代化传承路径

的传承意识较之中老年人更淡薄，他们对下一代人在民俗体育活动方面的影响也越来越弱，几乎不会要求孩子去学习传统文化，因此，传承人数量的不断减少就不足为奇了。民俗体育有的技艺并非一朝一夕就能习得，需要多年系统的学习与磨炼，才能掌握项目厚重的文化内涵和技术要领，才能融入时代要素，进行适当创新；否则，很难达到非物质文化遗产传承保护的目的和要求。另外，传承人一旦过世，就会把技艺带走，因此，传承人断代也不可避免。传承人是非物质文化遗产传承与发展的重要保障，传承后继无人，对非物质文化遗产民俗体育的传承是极其不利的。

从文化的生活空间来说，民俗体育文化的传承对环境、开展条件、场地设施等也有诸多要求。原生态的自然环境、农耕劳作、生活习俗、图腾崇拜、宗教信仰等是民俗体育文化产生、发展、流传最肥沃的土壤。现如今，现代化、科学化、信息化改变了民俗体育原生态文化的生存和发展的环境。强势的现代传媒弱化了民俗体育文化的"使用价值"，进一步影响了人们的娱乐方式和思维方式。从空间层面来说，民俗体育活动的空间是民俗体育多样性、地域性的决定因素，如水域、沟壑、平原、田野。在大面积水域上开展的赛龙舟活动，在平原、田野上尽管可以开展旱龙舟活动，却不如水上龙舟那么让人震撼和富有激情，因而很难盛行。对场地要求不高的一些项目，无论在哪都易于开展，如有深厚群众基础的武术项目，其流变状态就很好，我国多地享有"武术之乡"的美誉。对场地要求较高的民间舞蹈项目，如起源于泉州、流行于闽南地区的拍胸舞，起先是农夫围着草裙，伴着清唱，在耕作之余以休闲娱乐为目的所跳的一种田间舞蹈。随着农村环境的改变和人们的生产、生活方式的改变，拍胸舞依存的文化空间越来越窄，此项传统民俗活动逐渐退出了历史舞台。

二、民俗体育精神文化层面面临的困境

民俗体育的精神文化层面是人类在社会实践和意识活动中长期孕育而形成的价值观念、思维方式、道德情操、审美情趣、宗教情感、民族性格等，是人类文化心态在观念上的反映，是文化的核心部分。我国民俗体育文化是我国民间传统文化的宝贵财富，通过民风民俗、宗教信仰、祭祀活动、庆典仪式等方式表现出来，是各民族美德、性格特质的载体，"老祖宗传下来的规矩"是人们内心对秩序的认同，是人们凝心聚力、共同奋进的动力。

现在，农耕生活模式已不再是人们赖以生存的典型生活模式，务农、养殖、打工、创业等多种生活方式并存，人们的价值观也发生了变化。民俗体育在经济利益的驱使下，自然发展的"本真性"被"人工化"改造，民俗体育文化工作的重点放在项目的经济功能的开发上，缺少对多种民俗体育文化蕴含的意义的思考和认识。人们对民俗体育文化的态度变了，对民俗体育文化的保护意识减弱了。

与此同时，在全球一体化的背景下，强势的外来文化冲击着弱势的"本土文化"，西方现代体育项目深受人们的喜爱，很多民俗体育项目呈现出明显的边缘化发展的趋势，如篮球、排球、足球，这些项目已普遍进入各级学校，成为青少年的主要活动方式；健身操成为中老年人广场舞的内容之一。而民俗体育项目多出现在节日期间，生活类的民俗体育失去了古朴的原生态农耕生活土壤，年轻人表达丰收愉

悦的心情，不再以民俗活动方式为主。中小学生以现代体育项目为主要的活动方式，几乎感受不到民俗体育活动的魅力，也缺乏对民俗体育活动的热情，民俗体育就这样被人们逐渐淡忘，民俗体育的生存和发展空间不断缩小，其传承越来越艰难。经济全球化的发展使得文化趋同现象越来越突出，外来文化冲击着本土文化，情人节、圣诞节等西方节日不断受追捧，而中国传统节日的氛围却越来越淡薄，一些依赖于传统节日的民俗体育也受到影响，与人们渐行渐远。因此，民俗体育文化的传承和发展问题亟待解决，其传承路径也需要相关管理部门和研究人员共同努力、积极探索。

第五节 我国民俗体育文化现代化传承路径

我国的民俗体育文化是一种民间的生产、生活文化，与广大民众的生活息息相关，在一定程度上反映了我国的社会、历史、政治、经济、文化、宗教、心理、风俗、习俗等文化特征。由于社会环境、法律制度、经济等一系列的变化，民俗体育文化存在危机与机遇并存的局面。要想有效地保护我国的民俗体育文化，就要国家、社会、个人多方共同努力，坚持科学传承，做到与时俱进，才能保证民俗体育文化走规范化、科学化、普及化之路，继续发挥优秀文化的作用。

一、加强相关管理部门的主导作用，保障民俗体育文化的顺利传承

《世界文化多样性宣言》从文化多样性与国际团结的角度提出："单靠市场的作用是做不到保护和促进文化多样性这一可持续发展之

保证的。为此，必须重申政府在私营部门和民间社会的合作下推行有关政策所具有的首要作用。"因此，发展民俗体育事业、传承民俗体育文化的关键是相关管理部门的参与和引导。

首先，相关管理部门要发挥政策指导作用。相关管理部门不仅要在国家层面制定民俗体育发展的全局性蓝图，市、县（市）级的基层单位也要制定相关的政策、制度，从根本上保证其保护、传承的合法性，这有利于约束和指导各职能部门的具体工作；根据职能部门的不同，科学、客观地制定行为准则，让各部门有行动的事实依据；对不同部门取得的成效，要定期进行认定，给予奖励与鞭策。

其次，为推广民俗体育项目提供必要的财政支持。目前，我国民俗体育的非物质文化遗产名录已初步建立，搜集了我国真实、珍贵、具有重要价值的文化信息资源，记载了各族人民世代相传、与群众生活密切相关的各种传统文化和文化空间，是我国文化多样性的具体体现。仅靠民间团体、传承人的个体力量，民俗体育文化的传承和保护效果将微乎其微，其决定性因素是资金，资金匮乏导致资源配置不合理、资源利用效率低下。因此，相关管理部门的资金扶持尤为重要，能在宏观上更有效地进行资源的合理、均衡配置，给予民俗活动资金补助；在具体活动中，经费直接解决了活动所需的道具、服装、舞台布置等现实问题。因此，相关管理部门的参与和指导是民俗体育传承和发展的重要力量，政策的指导和经费的扶持将促进整个民俗体育文化的生态平衡和可持续发展，将更好地保障民俗体育的传承和发展。

二、学校体育教育应发挥教育传承作用，保障民俗体育文化传承的人才储备

学校体育教育是以青少年学生为参与主体，通过培养学生的知识、技能、情感、体魄、意志力等来增强学生的整体素质，促进学生的身心健康的素质教育。学校体育教育内容体系的选择要符合健身性、娱乐性、身体发育的阶段性等特征。校本课程的开发与实施为民俗体育进课堂、将中国本土民俗文化中丰富的"体育元素"进行开发，为学生接受地域性传统健身项目开创了条件。

对学生来说，将民俗体育融入学校体育教育的内容体系之中，通过体育教师的传授，学生在"无意识，无选择"中通过学习或练习的方式了解或掌握民俗体育的思想、形式、内容、方法等，在自愿接受、他人传授的过程中，形成相应的行为模式，这是民俗体育"创造性转化、传承"的发展路径之一，也为我国民俗体育这一"弱势"项目传承、发展争取了一席之地。

民俗体育自身具备的身体教育素材与精神教育价值，不仅能增强学生的体质和心理健康水平，还有助于加强民俗体育后备人才的培养。民俗体育的民俗性与当地居民的生活方式、生活习性保持高度一致，且产生强大的辐射效应，对人们"文化习惯"的养成、"适时而动"意识的建立具有强大的感染力与渗透力，让学生在不知不觉中感受协调、默契、流畅的时间节律与自然属性，如上元狂欢、清明踏青、端午竞渡、重阳登高。从学生的认知层面来看，学生通过学习民俗知识，能更加了解不同国度、不同地域的民俗节律在现实生活、社会、文化中的意义，正如《礼记·曲礼上》所说："入境而问禁，入国而问俗，

入门而问讳。"对于不同的礼俗知识,学生能从文化认同、习俗认同的角度去解读,就能在一定程度上增加学生的人文知识底蕴。

今天,对年青一代来说,"老祖宗传下来的规矩"显得越来越不灵验了,因为他们的生活已远离"老祖宗"了。把民俗体育纳入学校体育教育的内容体系之中,学生即可近距离地接触我国存在已久的民间民俗内容,学习本民族的传统文化和美德。年青一代学习、推广和传播民俗体育及其文化,具备民族文化底蕴,就有了民族底气,就能从容面对外来文化的渗透。民俗体育是我国传统体育文化宝库中的一颗明珠,越来越多的专家、学者已认识到推广和传播民俗体育及其文化的重要性,我国部分地区已经实施了民俗体育进课堂的策略,使民俗体育在学校体育教育中走规范化、科学化、普及化之路,为民俗体育文化培养后备人才,以推动民俗体育文化的可持续性传承。

三、发挥媒体的传播作用,提高广大民众保护非遗的意识

大众媒体具有影响面广、影响力大、时效性强等优势。现阶段的媒体包括数字媒体、广播、电视、电影、广告、网络等形式,发布的信息具有虚拟、海量、快速等特点。媒体能够把人们喜闻乐见的信息及时推送出去,满足人们获取知识的需要。针对民众的民俗体育文化保护意识淡薄这一状况,借助媒体快速传播信息、知识的优势,加大对民俗体育活动报道的力度,传播各民族文化,普及民俗体育知识,让广大民众直接或间接感受到民俗事象时时在自己身边,这不仅能丰富民众的生活内容,还能调节民众的生活节奏。

在具体的民俗活动报道过程中,声、光、画面的结合能带给人们

身临其境的感受，如舞龙、舞狮、民族舞蹈，加以古琴、马头琴、二胡等乐器伴奏和书画等传统艺术的展演等，不仅增添了浓浓的节日氛围，还增加了民俗体育的魅力。另外，也可以利用建立的民俗体育的相关网站，传播民俗体育知识，实时播报民俗活动开展实况，不仅能开阔人们的眼界，使人们看到独具特色的各地民俗活动项目，而且能激发人们主动参与运动的热情，激发人们对本土文化的热爱之心、对异域文化的喜爱之情。网站对国内外最新的民俗体育活动动态的关注，对精彩纷呈的民俗体育活动赛事的及时转播，能促进多元文化之间的交流与对话。利用网站时时更新、传播民俗体育活动与生活、节气密切相关的知识，让人们体会顺应节气变化适时而动的道理。人们通过媒体了解到更多的民俗体育文化知识，了解我国民俗体育文化的宝贵价值，从而提高保护我国非物质文化遗产的意识，自觉或不自觉地去传承和发扬我国的民俗体育文化，这非常有利于我国民族体育文化的传承和发展。

四、基层体育组织与非遗传承人应发挥主体作用，营造民俗体育文化在民众日常生活中的氛围

民俗体育自产生起就融入人们的日常生活中，它依托各种民俗事象，满足人们生存、发展、娱乐、健身等多种需求。在远古时代，由于科学落后、生产力低下，民俗体育如影随形地相伴在人类的生产生活中，广泛流传且深受人们的喜爱。随着社会的转型以及文化的变迁，民俗体育更多地活跃在传统的岁时节日中，通过仪式、表演等方式增强人们的凝聚力，增添节日的喜庆气氛。

现今，由于生活方式的改变以及外来文化的影响，民俗体育的发

展出现繁荣与衰落的不平衡现象，民俗体育文化盛行于农村地区，但农村地区的民俗体育文化不如经济发达地区的繁荣，民俗体育的原生态性慢慢为竞技性所取代，表现出发展的功利性、目的性。随着新农村建设的广泛开展，植根于农村地区的一些民俗体育项目已经出现边缘化发展趋势，有的民俗体育项目甚至已经消失。

面对已"涵化"或即将失传的民俗体育，每个人都有责任和义务去挽救我国的民俗体育文化，去传承和保护我国的民俗体育文化。非遗传承人是传承和保护民俗体育文化的首要人选，1993年，联合国教科文组织为抢救和保护非物质文化遗产，建立了"人类活财富"工作指南，1994年启动的该项目的行动计划就是专门针对对社会有突出贡献的民间艺人或传承人而设立的。

民间艺人或传承人是民俗体育活动的爱好者和积极分子，技艺娴熟，德高望重，人们愿意在他们的"言传身教"中学习和传承民俗体育文化。在目前关于非遗传承人的责任、利益等法规条例尚不健全的情况下，他们仍意志坚定地克服种种困难，胸怀"传播文化，服务人民，造福社会"的志向，坚定"传承、保护、延续、发展"我国民俗文化瑰宝的信念，坚持担负起传播本土文化的职责，不遗余力地开展活动，让民俗体育亲近民众、亲近生活，再次在民间传播开来。

另外，要重视发挥基层体育组织的主体作用，让组织做好榜样，激起民众内心的渴望，主动、自愿参与民俗体育文化的传承工作。基层体育组织分布于民俗社会，与民众距离较近，是民众参与社会活动的直接引导者。每逢遇到较大的民俗节日，基层体育组织要派专人担当主要的组织者，统筹安排，组织活动，让当地民众积极热情地主动参与到家乡的传统民俗活动中来；在平时的健身活动中，基层体育组织要着重培养部分民俗活动积极分子，让他们引领广场舞爱好者多跳家乡的传统舞蹈，让地域民俗风情渗透到更多人的日常生活中，增强民俗体育文化在人们日常生活中的传播氛围。

五、发挥商界的产业推动作用，弘扬民俗体育文化

民俗体育要想表现出强有力的生命力，必须依靠自身特色，寻找可持续发展之路。20世纪90年代以来，在经济发展迅猛、全球一体化的背景下，我国传统的农耕文明逐渐与工业、旅游业相结合，朝着现代农业、新型工业、休闲娱乐、旅游等现代化方向发展。市场经济理念不断融入民众生活，第一产业（农业、林业、牧业、渔业等）已不再是人们发展经济的唯一出路，第二产业（采掘业、制造业、水电油气、医药制造和公共工程）、第三产业（商业、金融、服务业等）成为人们追求经济效益的有效途径，得以大力发展，三大产业均取得了显著的成就。因此，可以参考产业发展的成功经验，依据美国经济学家罗斯托的"扩散效应最大准则"，对民俗体育进行商业包装。产业化发展道路是人们对优秀民俗体育资源进行再开发、再利用的有效渠道。

作为人类创造的产物，民俗体育文化有着广泛而又深厚的民间文化基础。民俗体育文化因其厚重的地域文化底蕴和优秀的民间文化精髓，被作为地方形象的代表，与旅游业、服务业等第三产业融合发展，从而开拓新市场，振兴地方经济并促进相关产业的协同发展。民俗体育文化已成为各地亟待传承、保护与推广的特色文化资源。各地大力

举办具有地方特色的"旅游文化节",利用地域特色吸引游客,已经成为世界各地发展旅游业的一种新模式与新趋势。目前,这种模式已取得了较好的市场效益、经济效益,同时也直接或间接地调整了国家的经济结构、基础设施,完善了相关法制建设,提高了人口素质,促进了社会的发展。

目前,我国已有一些地方的民俗体育文化资源的开发和利用取得了较显著的成就。潍坊国际风筝节是我国最早冠以"国际"二字并被国际社会承认的大型地方节会。在节会举办期间,有来自世界各地的30多个国家和地区参赛。潍坊已成为中国具有特色魅力的城市之一,但是,很多地方的民俗特色节会规模较小,招商引资能力并不强,仍在不断探索值得推广的具有可行性的成功经验。主导的支柱产业或产业集群并未确立,对社会发展的影响力仍需加强。今后,通过民俗体育的产业化发展,来保护和弘扬我国的民俗体育文化,是民俗体育文化可行的发展渠道之一。借助社会产业的推动作用,确保民俗体育产业化道路的顺畅,将更能振奋民族精神,实现社会的和谐与文明进步。

参考文献

[1] 冯世勇主编. 体育文化与实践研究 [M]. 北京：中国政法大学出版社，2019：8.

[2] 张虎祥. 体育文化与全民健身 [M]. 北京：九州出版社，2018：6.

[3] 王彦英. 多元体育文化的创新与发展研究 [M]. 北京：中国书籍出版社，2019：1.

[4] 郑焕然主编. 大学体育文化与运动教程 [M]. 北京：北京理工大学出版社，2020：8.

[5] 樊炳有. 城市体育文化记忆研究 [M]. 苏州：苏州大学出版社，2017：8.

[6] 赵金林. 校园体育文化建设与实践探究 [M]. 北京：中国书籍出版社，2018：5.

[7] 陈秋丽. 中国民族传统体育文化资源和产业发展研究 [M]. 西安：陕西人民出版社，2019.

[8] 海梦楠. 民族体育与文化产业融合发展 [M]. 长春：吉林人民出版社，2020：5.

[9] 尚志强主编. 时尚体育文化 技术与传播 [M]. 北京：中国传媒大学出版社，2016：2.

[10] 顾春先. 学校体育文化节的构建与传播 [M]. 成都：西南交通

大学出版社,2017：12.

[11] 董好杰.当代体育文化多维探索与研究新思路[M].北京：冶金工业出版社,2018：11.

[12] 段爱明.体育文化与生态旅游融合发展理论与实践[M].上海：上海交通大学出版社,2018.

[13] 赵金林.休闲体育文化多元解析与运动方法指导[M].北京：中国书籍出版社,2018：5.

[14] 杨小凤.城市民间体育文化发展研究[M].上海：上海人民出版社,2016：8.

[15] 李浩朱.现代体育与发展的再审视[M].北京：九州出版社,2016：6.

[16] 奚凤兰,高中玲,杜志娟.生态文明背景下我国农村体育文化建设研究[M].西安：西安交通大学出版社,2017：5.

[17] 童城旺,徐鹤,刘刚.民族传统体育文化的传承与发展思索[J].山西青年,2022(9)：48-50.

[18] 于国强.民俗体育文化传承与发展的困境研究[J].文体用品与科技,2022(8)：1-3.

[19] 程刚.民族传统体育文化的传承与发展研究[J].体育风尚,2022(1)：155-157.

[20] 朱灵真.中国传统体育文化的传承与发展[J].文体用品与科技,2021(2)：9-10.

[21] 包呼和.民族传统体育文化传承与发展[J].文体用品与科技,2020(24)：1-2.

[22] 闫焱.河北省民俗体育文化传承与发展对策研究[J].文体用品与科技,2022(24):1-3.

[23] 甘颂甜,郭腾杰.民俗体育文化传承与发展的困境研究①[J].科技资讯,2019(36):204-205.

[24] 吴松诺,郭振华.大数据驱动传统体育文化的传承与发展路径[J].湖北体育科技,2021(12):1035-1037,1063.

[25] 余玲利.中国传统体育文化传承与发展路径探析[J].当代体育科技,2021(6):197-199.

[26] 邝华利."互联网+"背景下民族传统体育文化的传承与发展[J].文体用品与科技,2021(4):3-4.

[27] 王举涛.齐鲁民间传统体育文化传承发展路径研究[J].西部学刊,2020(19):134-137.

[28] 陶光华.坚守与嬗变:少数民族体育文化的传承与发展[J].西藏民族大学学报(哲学社会科学版),2020(5):134-140.

[29] 姜朋,陈坤,刘晖.传统体育文化传承和发展的再思考[J].辽宁体育科技,2021(4):93-96.

[30] 洪旭辉,祝利平.传统村落体育文化传承与发展[J].武术研究,2021(3):115-117,131.

[31] 常文浩,张倩.基于茶道精神分析少数民族体育文化的传承和发展[J].福建茶叶,2019(2):123-124.

[32] 何丽苹.布依族村落传统体育文化的传承与发展[J].湖北体育科技,2019(1):16-18.

[33] 夏建超,肖龙,朱翔宇.困境与消解:贵州苗族民俗体育文化

传承与发展研究[J].武术研究 2022,(5)：110-112.

[34] 柯海宝,黄艳军.全民健身战略背景下民俗体育文化传承与发展研究[J].科技资讯,2021(4)：245-247.

[35] 郝圆圆,盛晓艳.文化自信视角下区域特色体育文化的传承与发展：以安徽省亳州市为例[J].商丘师范学院学报,2021(3)：90-92.

[36] 赵新世."互联网+"背景下民族传统体育文化的传承与发展①[J].当代体育科技,2018(24)：2-3.

[37] 赵煜豪,高增,袁明煜.文化遗产视阈下我国高校民族传统体育文化的传承与发展研究[J].武术研究,2021(1)：133-136.

[38] 李秀丽.论民族传统体育文化的传承与发展[J].山西青年,2016(23)：242.

[39] 刘卫华.湘西土家族传统体育文化传承与发展问题研究[J].河北体育学院学报,2018(6)：92-96.

[40] 邓传波,许贵泉,邓坤坤.贵州少数民族传统体育文化的传承与发展研究[J].运动精品,2021(10)：69-70,72.

[41] 张华.中国民族传统体育文化传承及发展分析[J].今古文创,2021(7)：121-122.

[42] 王子涵.文化自信视角下乡村体育文化的传承与发展：一项对"村BA"篮球赛事的社会学研究[J].文化学刊,2022(12)：67-71.